DISCLAIMER

The author and publisher are providing this book and its contents on an "as is" basis and make no representations or warranties of any kind with respect to this book or its contents. The author and publisher disclaim all such representations and warranties, including but not limited to warranties of merchantability. In addition, the author and publisher do not represent or warrant that the information accessible via this book is accurate, complete, or current.

Except as specifically stated in this book, neither the author nor publisher, nor any authors, contributors, or other representatives will be liable for damages arising out of or in connection with the use of this book. This is a comprehensive limitation of liability that applies to all damages of any kind, including (without limitation) compensatory; direct, indirect, or consequential damages; loss of data, income, or profit; loss of or damage to property; and claims of third parties.

This Book Offers Free Bonus Puzzles

Available Here:

BestActivityBooks.com/WSBONUS20

5 TIPS TO START!

1) HOW TO SOLVE

The Puzzles are in a Classic Format:

- Words are hidden without breaks (no spaces, dashes, ...)
- Orientation: Forward & Backward, Up & Down or in Diagonal (can be in both directions)
- Words can overlap or cross each other

2) LEVEL UP THE GAME!

A space is provided next to each word to write new ones, translations or notes. We also offer a convenient **NOTEBOOK** at the end of this edition. It can help you organize your annotations, new words and/or observations.

3) TAG YOUR WORDS

Have you tried using a tag system? For example, you could mark the words which have been difficult to find with a cross, the ones you loved with a star, new words with a triangle, rare words with a diamond and so on...

4) EASY TO CUT!

The Puzzles come with an Extra Large margin to easily cut the page out of the book. Some people may feel it more convenient to solve them this way.

5) FINISHED?

Go to the bonus section: **MONSTER CHALLENGE** to find a free game offered at the end of this edition!

Want **more fun** and activities to **relax? It's Fast and Simple!** An entire Game Book Collection **just one click away!**

Find your next challenge at:

BestActivityBooks.com/MyNextWordSearch

Ready, Set... Go!

Did you know there are around 7,000 different languages in the world? Words are precious.

We love languages and have been working hard to make the highest quality books for you. Our ingredients?

One part easy-to-read print, three parts entertainment, then we add some challenging words and a pinch of rare ones. We brew them with care to serve you lots of fun and an opportunity to solve the best puzzles.

Your feedback is essential. You can be an active participant in the success of this book by leaving us a review. Tell us what you liked most in this edition!

Here is a short link which will take you to your Amazon orders review page.

BestBooksActivity.com/Review50

Thanks for your fidelity and enjoy the Game!

Delta Classics Team

Puzzle 1

```
W Q L K W W O D S I H I W F N
W A T C H I N G N O L A Y A P
M J B O I D E N T I F Y K M L
O P B L N Q T A C A F Z H I E
V V X B E E T T I M M O C L A
E E G G V E Q L T N L W B I S
M L L U E I U E C M I C T E E
E I T O R E S A R E E O R S J
N D U R R O S A A T G S O N G
T O O G I Q H V B H A D F W Q
F C W P S P R G L E B C M S K
H O T T E R E A C S I G O C V
W R E Q L R W K L I H P C J Z
Q C J O K J Z K O S L E L F Q
```

HOTTER
WATCHING
COMMITTEE
ERASER
TRIP
ROLE
SHREW
THESIS
IDENTIFY
LIE

CROCODILE
ALONG
BLOCK
NEVER
FAMILIES
PLEASE
COMFORT
ARCTIC
SONG
MOVEMENT

Puzzle 2

```
C C J V T Q S O Y D I Q S V N
O B D S O C O A T A D S T S Y
V L Y E L P M I S T R V R E A
E O K L T R D P H Q E M E R S
R O C L F I G Y K V W R E I T
H M E E L E C Y L B O O T O A
F R B R N L Q X Q Z L W F U T
R U S H V G J H E C F V E S I
J C E X L I F F M Z I Q N S O
D O E S W J R Y G A L G C J N
R K R T N X Q T I J U E I S Y
T R T R W W Z I U V A P N L E
O H A Z S Z B C P A C Z G E D
O C O N T A I N F P L J P O Y
```

FENCING   RUSH
VIRTUAL   CITY
TREES   STREET
CONTAIN   OTTER
DOES   TOO
CAULIFLOWER   BLOOM
COVER   WORM
SERIOUS   EXCITED
SELLER   DATA
STATION   SIMPLE

Puzzle 3

```
P  I  I  V  C  K  M  O  M  G  Y  L  P  W  K
U  E  Z  R  G  X  D  V  C  E  R  L  G  A  W
R  H  R  B  H  E  Z  H  L  L  T  E  P  V  O
Z  T  B  S  L  S  F  I  U  S  H  C  W  E  R
Q  X  K  E  O  J  B  P  B  E  G  U  T  K  K
V  T  O  W  Y  N  A  O  T  I  I  F  O  T  I
A  S  C  E  N  D  K  S  P  I  N  V  D  Z  N
T  O  P  A  E  T  I  S  A  K  K  I  B  F  G
S  R  V  J  I  E  N  E  R  O  C  M  Q  E  B
I  M  E  Y  L  L  G  S  Y  X  U  P  G  V  N
Q  C  I  A  W  Q  N  S  M  R  R  R  D  E  X
M  N  Y  K  T  U  I  C  X  A  T  O  M  R  P
W  H  H  S  D  E  P  R  I  V  E  V  A  T  P
C  H  A  L  L  E  N  G  E  H  E  E  K  Y  X
```

TREAT	CELL
FEVER	GREW
DEPRIVE	ELSE
IMPROVE	WAVE
CHALLENGE	CLUB
TRUCK	MOM
KNIGHT	BAKING
PERSON	TRY
WORKING	POSSESS
ASCEND	TEAPOT

Puzzle 4

```
M  I  F  Y  Y  D  E  R  A  T  S  C  G  S  D
P  A  I  Q  Z  Q  F  Q  U  E  U  A  E  O  O
O  L  T  A  Y  S  C  L  T  Z  C  N  N  L  W
H  H  O  T  K  A  F  E  H  R  C  D  E  U  N
C  O  G  X  E  K  G  R  O  Q  E  I  R  T  S
E  T  G  B  C  R  O  R  R  A  S  D  A  I  T
D  W  N  K  I  A  N  Z  E  L  S  A  L  O  A
W  L  H  Q  U  P  W  P  V  E  F  T  C  N  I
C  A  A  S  J  S  R  I  A  X  U  E  O  O  R
E  X  P  E  C  T  E  D  H  T  L  Z  N  N  S
A  N  S  W  E  R  N  L  Z  J  M  Y  T  O  Q
N  I  D  Y  T  A  U  N  T  K  H  O  E  L  O
L  Y  X  N  E  V  M  U  R  P  M  N  N  K  F
C  O  D  O  X  T  B  R  O  K  E  N  T  A  O
```

STAR	AUTHOR
CONTENT	GOT
SOLUTION	HOT
MATTER	ANSWER
PARK	HAVE
AGREE	EXPECTED
SUCCESSFUL	DOWNSTAIRS
TAUNT	YET
JUICE	BROKEN
CANDIDATE	GENERAL

Puzzle 5

```
W S V B H T X R P K Y E A S Q
A T T A D R Z Q M W E A P U H
T Z O D Q E T H E I R S O C Z
C B O G R V M U S Q U J L C G
H Z T E W E P A A B S H O E H
K T H R R R B W N G A Y G S A
E R O B I N S O H D E R Y S X
V N J P U I A X H F R G K Y E
E B B O H H I K C P T N Q M S
N K G T F R H Y M E J A G C J
Y M N J W F G U L R V S T D C
M U S I C I G R P C T B E A R
O X Q S R E W O L F M S H L B
Q J B C R D R C A L L E W G A
```

FLOWERS	RHYME
ROBINS	DRINK
BARK	BADGE
BEAR	EVEN
REVERT	WATCH
DEMAND	TOOTH
TREASURE	SUCCESS
GLAD	MUSIC
CALL	THEIRS
ANGRY	APOLOGY

Puzzle 6

```
T A Y K Z C P H C A B J K O Q
A D M P V M A E R T S K Z W R
L E A C Z Q O M K B A L O N E
E F I S Z M S A E M O H T O N
N N N G D T B G E S G L S I T
T S T E A M Y Y L B W U O T R
V N W N E P N O B E L W X I A
H I G H L I G H T G N O Z B P
A F S S C Z U B G O D G W M U
B F C O N S T R U C T P X A W
O U O N U E F A L T I T U D E
V P G R A N D M O T H E R E D
E V N J V L X N F L B G V V S
S N T S D W P G L P C Y R Q Z
```

MAIN	TALENT
PARTNER	CONSTRUCT
UNCLE	STREAM
ABOVE	AMBITION
BLOW	LEEK
ALTITUDE	PUFFIN
HIGHLIGHT	ALONE
GRANDMOTHER	STEAM
TOOK	SOAP
CAME	HOME

Puzzle 7

```
S M Q Y E D R A D N A T S G A
S E P W R S R N U S S V I A I
B A M R W W E I L E S S V T N
V T I O O D G A F C E N D E D
J M R Q V G A T K F S S C Z H
B C D Z J E R R H B S H Y G Q
C U L T U R E E Q E M I S C Y
K N I F E W V T S C E N C V W
N U E P N K A N F S N E G E S
P Y H V T X E E C P T S N O M
B L C O N D U C T A B S O R B
C G A M D N A R G N I Y L F V
W M O Y F O R M A L L Y E B O
Z Q C K T T I C H C U G B X O
```

COACH
AVERAGE
PROGRESS
CONDUCT
MEAT
CULTURE
MOVE
ASSESSMENT
GATE
STANDARD

BELONG
FLYING
SHINE
KNIFE
PLAY
ABSORB
GRANDMA
ENTERTAIN
FORMALLY
OBEY

Puzzle 8

```
V Y E G K X Q Y T S E D Q R F
E W L P A I M X E O K E N X R
K N P P U K D E N N R I C A C
I C O M A R T S T T H R L P O
B L E U D I S C U S S R I L M
V E P J G W R B H Z D U V K B
B A K H X H R Y I J R H I R I
O R Z R D J E X O G N R C C N
A L K P U Q F W B W J E N A A
T Y S F L O U R N U T D D T T
Q T D L W E Z L A S I N C E I
I N T E N D T U B E B B D G O
Q Y D V T I S V P Q R R U X N
L Z M E H E J F B H O U D C V
```

FLOUR	CAT
BIKE	ORBIT
DISCUSS	INTEND
BOAT	CIVIL
KIDS	HURRIED
TENT	SKILL
CLEARLY	COMBINATION
TRAM	JUMP
ENOUGH	SINCE
TUBE	PEOPLE

Puzzle 9

```
H X A V N A T U R E O Y Z L W
P A R T I C U L A R L Y U U V
F X H C Y Y O U R W S L K N I
N M U A I X E Y T U N C F O F
C X U F F M D D A T T H O C A
A I R P L A N E D A N O M E L
F R E M A U I R V O Y A X L E
R D T M E Y M A C K O B W T X
E F S A R V E T O M L C Z T P
E H N C R Y R S O S I Z J A O
S X O B B V Z S K Y Z F X C R
I U M A Z J U E Q L A K C F T
A V P Z T Q V L O W R O F Q G
F O V I S D S A O A D R F S X
```

MONSTER	CRY
FREESIA	CATTLE
REMIND	WANT
LEMONADE	EXPORT
LIZARD	LESS
AIRPLANE	COOK
PARTICULARLY	YOUR
REAL	NATURE
ADD	STARE
BOX	FACT

Puzzle 10

```
D  I  S  T  R  I  B  U  T  E  N  B  T  F  F
A  V  S  F  D  R  X  H  M  A  N  U  A  L  O
O  W  W  J  R  N  Q  T  U  N  V  B  I  X  R
S  I  C  O  U  P  L  E  Z  Q  M  F  N  Q  E
P  A  S  E  O  S  L  E  Y  C  O  L  C  E  I
E  W  N  X  P  V  N  T  R  T  U  U  R  O  G
P  E  R  S  O  N  A  L  S  P  R  F  E  Z  N
N  E  C  E  S  S  A  R  Y  U  Z  F  A  O  I
B  K  F  D  H  S  K  O  L  R  R  Y  S  N  F
C  D  T  K  G  T  G  S  L  R  N  F  E  M  Y
Y  L  P  T  I  S  O  E  A  E  R  A  A  C  X
G  J  A  T  V  Z  R  M  E  T  Y  H  M  C  N
P  N  B  R  E  B  B  U  R  N  Z  B  K  E  E
O  Z  C  T  N  U  N  P  V  I  S  U  G  A  R
```

TEETH	INCREASE
INTERRUPT	SURFACE
PERSONAL	DISTRIBUTE
FLUFFY	POUR
SUGAR	NUT
FOREIGN	OUR
MANUAL	REALLY
COUPLE	NECESSARY
MOTHER	GIVEN
NAME	RUBBER

Puzzle 11

```
S O I F H G O M S M O C K L G
S Q F Z G C C O U A K N O W N
M R U F X Y W I X E S Y O W I
E C L A I W Q S U R S T D F D
L Y Y E R C B T H D E W R I I
L I N X K E E U V V N M D F R
A L L O W T P R I W R L M Y N
C O L L E G E E S N E B Y U K
Q K T C A R T S I D D J W B S
I Q M U P G B I B Y L B N U G
P H O K T O W N L T I U Q B E
A E T A M I T S E Z W F D B X
I A P S W D I V I N G Z T K X
M D U A R B C V P C X U O J Q
```

DISTRACT
QUIT
WILDERNESS
MOCK
MOISTURE
COLLEGE
TOWN
BUY
KNOWN
DREAM

SQUARE
SMELL
ALLOW
ESTIMATE
DIVING
HEAD
VISIBLE
RIDING
SUMMER
OFFICE

Puzzle 12

```
W  A  M  S  Y  F  J  E  B  F  E  F  X  R  J
E  M  A  I  N  T  A  I  N  Y  T  Z  L  D  O
D  V  I  S  M  M  U  X  L  A  D  D  E  R  Y
D  Y  E  S  T  E  R  D  A  Y  J  F  M  P  F
I  Q  O  H  C  N  A  R  B  I  P  O  X  E  U
N  H  C  B  T  O  I  P  O  L  I  T  E  A  L
G  C  H  I  U  A  M  M  I  Q  Q  R  D  R  L
Q  U  I  C  K  L  Y  M  P  T  Q  M  N  U  Y
C  S  D  Y  R  T  L  O  E  R  Z  Y  I  A  W
S  T  A  M  P  A  E  S  K  R  E  D  U  R  Q
V  P  J  K  V  R  E  G  I  U  C  S  H  O  W
M  E  T  A  T  E  K  S  A  B  I  I  S  K  V
W  D  E  C  O  M  P  U  T  E  R  T  A  S  R
C  O  N  T  R  A  S  T  O  V  F  R  U  L  V
```

YESTERDAY	BRANCH
BASKET	COMMERCIAL
JOYFULLY	HOW
INDEX	RUDE
MAINTAIN	COMPUTER
QUICKLY	MET
IMPRESS	SEARCH
POLITE	STAMP
PEAR	CONTRAST
WEDDING	LADDER

Puzzle 13

```
R E M I N D S V S Z C B X Y G
U V Q M J E U C O I T S N G A
L I S W H T O H F K D Z G N P
Z S T R F R I A Q T I E I S V
O S J T N A X N C D V T S N E
F E G U Y T N G I Q A H E A E
V R U K T S A E Y H E D D K D
X G A C H I E V E H P D E E K
W G E L L I P T I C A L M N B
E A S T O R M G A D X R U F A
E E F G M N Q X U R V P Z S Y
N H C A E T H G I R B W N L F
I O R P L I V E S H D B C P E
H P V O T E E Z F T T C Y Q V
```

REMINDS	DAD
BRIGHT	GUY
TEACH	HOP
SNAKE	AGGRESSIVE
ANXIOUS	ACHIEVE
KITE	PEA
VOTE	CHANGE
ELLIPTICAL	SIDES
LIVES	STARTED
DESIGN	STORM

Puzzle 14

```
Q W J K S A M I B H O W B S D
V M N T C E P X E D X V U K I
N M Q T A O L F X W L U E P S
V C Q S R F R A C T U R E R T
N U O L E Y P S Z N B O I L A
F J V S C G R Z M D S G B M N
Q O C W R A E Z G F F B T N C
O F F H O Y S T A E R H T R E
G E M I W S S H H G U O R H T
N I O L X H B R P G K Y G E E
I Q R E Y R W E Y Q I W P A E
Y C Y L R N L E R N U E W A S
R M M V W B B L O V R Q Q N J
T K Y K A U D I T I O N B P I
```

MASK	EIGHT
SWIM	DISTANCE
FLOAT	PRESS
BOIL	THREE
THROUGH	OFF
OVER	SCARECROW
EXPECT	THREAT
GIRL	WAS
FRACTURE	WHILE
AUDITION	TRYING

Puzzle 15

```
R O M R A U C D R U G B T U C
X F N K L R Q A M S B I Y N A
D I S P L A C E V F Z R J S B
L Z I G L G P Y X I W T K M B
O Q F L A H Y B W B T H G A A
H H Z A W A A D E X N Y L M G
X S T C A P M O C B U S D A E
B H A U S E R O F E B E T R N
C R S O M F A G I C Y U L R E
F O E F A V O R I T E T F I C
W G P F F S J S Y H C J W A S
T V D P E M E H T T A K E G M
W N G N E E P O W D E R H E D
N U V G Q R D S H O O T X C F
```

SCENE
CABBAGE
DRUG
TAKE
COPPER
CAVITY
POWDER
BIRTH
THEME
SHOOT

SUBCOMPACT
WALL
BEFORE
MARRIAGE
GOODBYE
FEED
LYNX
DISPLACE
HOLD
FAVORITE

Puzzle 16

```
P  R  A  C  T  I  C  E  R  E  M  G  Z  J  U
S  I  V  Q  P  S  H  O  E  K  C  N  O  D  J
I  H  L  K  V  Y  V  N  G  T  F  I  U  A  G
Z  J  A  F  T  T  B  O  R  K  X  R  Q  Y  T
E  S  W  P  R  I  D  Y  A  W  D  B  O  I  N
H  F  R  N  V  V  E  U  L  S  Q  L  T  Y  A
H  T  C  E  O  I  F  E  W  I  L  D  C  A  T
E  X  C  E  P  T  E  P  L  I  P  O  U  A  S
C  E  N  L  P  C  N  E  Q  F  L  V  T  R  N
X  Y  J  E  I  A  D  C  H  O  I  C  E  R  O
X  M  A  S  H  N  D  E  F  E  N  S  E  A  C
O  U  T  S  T  A  N  D  I  N  G  J  Z  N  I
X  P  O  L  I  C  E  M  A  N  Z  E  S  G  R
D  E  S  E  R  T  Y  T  L  B  P  H  P  E  U
```

DESERT	GOAT
OUTSTANDING	ELF
WILDCAT	EXCEPT
MERE	LARGE
PRACTICE	DEFENSE
CONSTANT	SHOE
BRING	SIZE
ACTIVITY	CHOICE
POLICEMAN	ARRANGE
DEFEND	HIPPO

Puzzle 17

```
Q B N B Y R O T S T Y T D R N
X N N I O R O T C A T Z M W E
P F W C A V E S O H W O Q K I
Y W U I W M P V P C A C B D G
L O V I N G P F E A N D N H H
A D B L E E D K R G R H D H B
C A F Y O S T K C N B T L C O
I E C Z Q W Q C V N L G I L U
D M D E L L A C L E T Z T E R
E B N A H T C T L A S X M X S
M O O K C V N D E X Y W J Q A
N T C E L L O C W A C D D K E
W H E S T R U C T U R E K T P
K U S S A U U V T Z H E B D B
```

PARTIES	BLEED
MEDICAL	WELL
STRUCTURE	MEADOW
BOTH	ACTOR
THAN	NEIGHBOUR
COLLECT	TEA
LOVING	SALT
EVERY	CALLED
CAVE	WHOSE
SECOND	STORY

Puzzle 18

```
D X Y L F N O G A R D V V X C
O L A W Z G J E Y P P G O Q O
S O M E T I M E D X I V J P N
S T A G E S F U U W N O O P S
L K N O W L E D G E E I C P E
W A H M E R I O P X A N A R C
B E T W R E S U L T P D R E U
E P A E A M O S T R P I R S T
C O S K L T J C Z O L C I S I
A L N P U Y C U F H E A E U V
U E W Z A W W H B S K T D R E
S C S Q G E A L E B S E I E B
E A O J T W Q V P D B W X L R
P T H B O J J V U Z L K T Z S
```

RESULT
SPOON
LATELY
KNOWLEDGE
MOST
CONSECUTIVE
DRAGONFLY
PINEAPPLE
SHORT
WATCHED

INDICATE
WEAK
LAW
PRESSURE
STAGE
POLECAT
SIGN
BECAUSE
SOMETIME
CARRIED

Puzzle 19

```
O  F  P  K  S  L  T  D  L  R  O  W  L  P  A
I  H  A  E  R  R  I  R  E  T  O  O  C  S  K
F  P  I  C  A  R  N  A  J  L  I  J  Y  O  Y
B  V  N  S  H  S  Y  G  V  N  O  T  I  C  E
A  C  T  P  E  E  E  O  L  A  F  F  U  B  P
L  W  G  Q  C  L  C  N  P  K  I  N  D  N  A
L  M  U  F  R  B  W  K  Q  E  L  A  M  O  R
L  F  V  H  I  A  P  P  D  C  R  C  U  G  G
Y  P  A  H  O  T  Z  P  J  Z  V  M  M  A  B
P  X  T  U  M  R  A  R  R  E  S  T  I  O  F
D  I  S  A  P  P  O  I  N  T  E  D  R  T  E
P  U  B  L  I  C  A  T  I  O  N  U  N  J  A
W  H  I  T  E  C  O  K  G  N  L  B  T  L  R
J  D  X  L  N  Q  R  H  H  P  Q  T  U  G  S
```

BALL	NOTICE
MALE	EASE
DRAGON	SCOOTER
WORLD	GRAPE
PUBLICATION	WHITE
KIND	CHECK
TABLE	FEAR
PERMIT	BUFFALO
ARREST	DISAPPOINTED
TINY	PAINT

Puzzle 20

```
L A L O U D P H E S I T A T E
H O K M B Z H Y I D F F E N C
Z M N F E J E K T F R C L R E
J E J G C Q A Z Z I P S D I N
C B B B H E S U O M R O N E T
P E R I O D A P C U O U A P U
M M Q I F E N Y L L I H C T R
R E A Q U P T W I T V N I E Y
A Q D N L M R O Z H A J F C S
B B J I L U U K H A H A E E L
B R I P C J O B O V E S A U Y
I J O N U I C W E Z B M O M C
T Z V K Z T N I B A C F C J H
W A L K I N G E L A U G H E D
```

CHILLY	RABBIT
JUMPED	ALOUD
HESITATE	CABIN
FULL	ENORMOUS
SECURITY	PERIOD
COURT	LONG
PHEASANT	LAUGHED
WALKING	PIZZA
MEDICINE	CENTURY
CANDLE	BEHAVIOR

Puzzle 21

```
Y Z P C C G M X A T Q N O I P
H Y K A E A O J F G D N H S H
K K N T G J D O O F E R Q L Y
N O I T I T E P M O C N P A S
Y E L C Y C R O T O M D T N I
R Y W X U C N D I G E S T D C
T H A N K S U O I V E R P Q A
N Q R D R E O B D B N E T F L
U N D W O H Q X E A D V I C E
O C O S T T Z C V F I Q P F S
C O J Z N B Z Y O K K E I K H
O N O I T A G I T S E V N I E
J E Q C M U F Q E V A N I F E
G R A N D F A T H E R K C B P
```

FOOD
PREVIOUS
PHYSICAL
DIGEST
DRAW
COMPETITION
ISLAND
AGENT
SHEEP
COUNTRY

MOTORCYCLE
DEVOTE
GRANDFATHER
TODAY
INVESTIGATION
MODERN
COST
THANKS
VAN
ADVICE

Puzzle 22

```
M E N L L J S G V F C A L M Z
P K A A X Y D T S U R Y A S Z
I C X N N Q E S R F S I S H J
C N T P Z H C D B I C X E H J
K O T Y P E A E B W P K M N L
E I B Y E J L S A P P E A R D
D T R V V D P K S I K H S Z X
D A U G H T E R D E P R E S S
H M V Q A C R P R O B A B L Y
A R S O R T I I H C R H I Z W
I O R I R A F T K J X F M W C
R F L R R O W A W S M F B I G
O N Z O H A M B U R G E R S C
F I B N O I T R O P Q I Y E P
```

INFORMATION	HAMBURGER
STRIP	WISE
DAUGHTER	FIREPLACE
DEPRESS	FRIEND
PROBABLY	HAIR
PORTION	SAME
APPEAR	PICKED
IRON	SKIRT
CALM	SORT
TYPE	DESK

Puzzle 23

```
I N S T A N T F Z I D D V W M
P E R I M E T E R S U E N A I
T A W Z H O O J T O S W E N S
Q T H I J E O Z V L T S T T S
S E A L R G X K Q A Y G J E I
H G I E W U C O O T X S U D O
M O W P L C O O A E S A H C N
Q D N A B S U H N D C J P X P
O S T C P L X S O C G X Y M F
I O W S E A J Q Q N E Z Q R O
R U L E R X R Y E F L R X H R
Q O I T I C E T I H C N N Q K
I Q I L X N B R Y N W G E J A
P J Y G R S E L T T O B K N H
```

FORK
PERIMETER
DUSTY
PARTY
ESCAPE
CONCERN
RULER
INSTANT
EXERT
WEIGH

SHOOK
DEW
WANTED
ISOLATED
BOTTLES
NET
MISSION
SEAL
CHASE
HUSBAND

Puzzle 24

```
K H N A D R U B T I L S T Z Y
J M Z L U I B B J M N I V N O
Y L B A R O N O H U N V P Y R
O F G N L Z J L E S O T I U T
P H E D V O L E A H C O M T O
I H A G Y B J C N R Z O I H E
N R T G D K W I Y O L T N G H
I P I A Y I O R T O S H O I I
O N N O E E R D I M P P R N M
N C G F M I H F M Z E A I O X
A C C O U N T H E K E S T A O
T E L E V I S I O N C T Y U Y
E V A C U A T E V B H E X L F
D U C K K Q H S I L K Y K U X
```

EATING	LAND
OPINION	HIM
TELEVISION	INVITE
ACCOUNT	THROW
DUCK	FRIDGE
HONORABLY	MINORITY
ANYTIME	MUSHROOM
VOLE	SPEECH
NIGHT	EVACUATE
TOOTHPASTE	SILKY

Puzzle 25

```
A H F D J I U V M U O I R L S
R I W K R I H K J E L B M U H
B R O W N O P A E W M Y W Q B
B H G O I I K T O L R O U Y A
P T R O U B L E I E N T R C N
E A P A X S W E A T E R H Y K
H A Z A R D O U S S R J A B S
G D O J P X H H S A T H I M K
C R P F F Z G R E T F O L Q A
A W O D N I W C L C A U O R T
T H T W P L A N E T S V B D I
K E V I T N E T T A B K P F N
I H F W K H Y N N E C T A R G
N C R I E D K N G I O W N E R
```

MEMORY   HAZARDOUS
BANK   BROWN
WINDOW   CATKIN
WEAPON   HAIL
SKATING   ATTENTIVE
PLANETS   NECTAR
GROWTH   TROUBLE
HUMBLE   OWNER
TASTE   SWEATER
CRIED   STOOD

Puzzle 26

```
P Z G E P Y M O V L Z B D H Q
T U T M N T N E M G A R F A E
Y B P L Y H K I J Z T S F T J
Y R X I X G Z R G B S P I E U
S W C F L I A M S V I O N K N
I N D E P E N D E N T R S C D
O W Y U F T J O V H N T P A E
H O L W O A B D I D E I J J R
P E Y V C R P D T T I Q D O S
C C L L U G J S A A C Q K Y T
F G W P S I B M N O S A A S O
T J F A V M I T C I V V E O O
C O N D O R X P A R R O T R D
R D C O M P L E T E L Y Y H P
```

MAIL
COMPLETELY
REACTION
SNIFF
SPORT
UNDERSTOOD
PUPIL
EIGHTY
SCIENTIST
FOCUS

FRAGMENT
JACKET
NATIVE
HAT
INDEPENDENT
HELP
CONDOR
MIGRATE
VICTIM
PARROT

Puzzle 27

```
T T O N Q Q Q W Y X S K T N I
L A N O I T I D A R T E B O J
V L A Y O R S F C S R M N I P
W K A C V U X P L C X O G T L
B A T C H C U S E Y Y C P A E
N T L A M I C E D N I T O C A
S G A I M L Y R A N T U C I S
E D T P A S T A M U G O E L E
F G E E F J I F J S U W I P D
M B E H S O T S K X I J R I K
U C Z U F G N I Y U B G E T Y
X R U Q H W E R A P K E Y L M
F G F D E X D Y R H U Q P U T
L D G O Z D I Q Y K V H N M A
```

SPENT	MAD
SUCH	NOT
TALK	TRADITIONAL
DECIMAL	OUTCOME
PAST	ROYAL
SUNNY	SET
IDENTITY	SENT
PLEASED	BATCH
LATE	MULTIPLICATION
JOB	BUYING

Puzzle 28

```
H P L A S T I C E G E P I T Q
D D M G N E H W D Y G E H R O
J E U B I G B W I A A E Z U I
O C W T M R E Q B D N N G T A
Z E B T A O K I L P A Z V H R
E I O B T F L E E E M P T Y F
V V J G I R E Q U I R E H S L
E E E I V J P I J L H U T S U
N G I E R E T R A U Q N E O I
I X S J V E Z Z Z Z Y T D L D
N E G V Z S M M C A J I D G P
G Q U I E T K Y W J N L Y M W
L V E R R Q Q I M M P F D R R
P C M G F A M F N A M W O N S
```

TEDDY	EDIBLE
QUIET	UNTIL
MANAGE	EMPTY
SNOWMAN	QUARTER
TRUTH	WHEN
FLUID	EVENING
REQUIRE	PLASTIC
FORGET	SKIN
DECEIVE	GLOSSY
VITAMINS	REIGN

Puzzle 29

```
C L P V E I Y O U A H Y F K A
C K A T P E C N A R T N E J X
L D S I Y L E D R J A N N R E
T R S A C B E F O E L E O Z T
F O J R L I M I X T T P T U F
E U A T P R F N Q I E X S M R
E G I R S R L F N M R X A B I
L H D O N E F Q O B N F C R E
N T Q P A T Z L L U A I T E N
C I N N A M O N M S T G I L D
D F K P R N M D G R I H V L L
R Q R O U O K V P G V T E A Y
U Y Y E R T W V B S E I N L C
I L H O C E E X T R E M E L Y
```

UMBRELLA
ENTRANCE
CINNAMON
FRIENDLY
OFFICIAL
PASS
TERRIBLE
BUS
EXTREMELY
PORTRAIT

MIX
FIGHT
NOTE
WORN
ALTERNATIVE
ACTIVE
PENNY
FEEL
STONE
DROUGHT

Puzzle 30

```
R O T C O D I D I S A S T E R
V P X H E W D P X I A U K S O
F C S W A D E E A J K A Y O S
S N A I L T N R W R F M M H E
F E C U L P T O M O S M M T L
E X A C T U I H W S H L R T D
U C X P K W C S F B B S E Y O
P B H W Y X A I D W E N T Y M
I D S Z T C L L E T D W R K H
P O L I T I C A L Y R B A K F
A P P E A R A N C E O Z M C J
H M K O S O R R Y J O H S K H
T U L I P P A N P R M P D J Y
O N E J J Q L E A S T C D D N
```

DISASTER
SNAIL
DOCTOR
BEDROOM
TELL
LEAST
POLITICAL
THAT
EXACT
IDENTICAL

TULIP
SHORE
THOSE
ONE
PARSLEY
SORRY
SHOWED
SMARTER
APPEARANCE
SELDOM

Puzzle 31

```
L P F J N W L E U T F I Y I K
V W R L Z Y A A T E E H S N Y
R U O A A L M B B R M L F D X
U K N T R H P N E R O W I I D
M T T P L A N E L O S S U V U
M I L I T A R Y E R B X C I L
W E K D J Z V Q V Q G N M D F
E I K S O Y T C E P S N I U C
I G N I D A E R N Z J J L A L
Q K O T D E T E R M I N E L O
M S M E E K E T T L E D E W S
H Y H P A R G O E G E W S D E
I Q W H P R I N C E W Y Y T D
L A K C Y C F U L V S N R U U
```

MILITARY	LAMP
INSPECT	ELEVEN
SWEDE	SKI
TERROR	HALF
GEOGRAPHY	WINTER
SHEET	CLOSE
INDIVIDUAL	FRONT
PRINCE	PLANE
DETERMINE	KETTLE
READING	SOME

Puzzle 32

```
R  K  H  Y  F  E  H  F  H  M  E  U  I  T  S
E  Y  N  U  M  E  R  O  U  S  Q  Q  K  O  U
T  L  S  S  R  O  O  D  T  U  O  R  U  O  N
Z  E  B  R  A  H  E  V  R  E  S  E  R  T  D
X  C  H  I  G  H  E  S  T  Y  E  H  K  H  I
W  I  U  J  X  B  U  I  L  D  T  K  A  B  A
K  N  O  I  T  A  Z  I  N  A  G  R  O  R  L
A  A  R  I  T  S  I  S  E  R  A  A  Z  U  G
W  B  T  T  L  O  I  C  N  L  D  D  G  S  A
T  E  A  C  H  E  R  X  Z  G  E  J  N  H  C
R  U  H  N  V  J  S  N  E  Z  I  T  I  C  B
C  O  M  M  I  T  M  E  N  T  D  K  H  D  I
C  O  M  M  U  N  I  C  A  T  E  Y  H  J  R
U  M  V  T  N  D  T  H  E  Y  S  S  I  J  D
```

OUTDOORS
HIGHEST
COMMUNICATE
BIRD
RESERVE
THEY
SUNDIAL
RESIST
TEACHER
EXIST

NICELY
DRY
ZEBRA
ORGANIZATION
BUILD
NUMEROUS
CITIZEN
DARK
COMMITMENT
TOOTHBRUSH

Puzzle 33

```
A F T E R N O O N X Q T S J C
K K Y R T S U D N I B X U R I
I S L Z A X C M G Q Z W B I A
F E L B G P E X V E N S M E Q
E E X E C U T I V E N I I P C
K G Q T Y S S L R F O L T E J
U A W D A K E B H B I E L N T
E T I N X Y J G V S U N L N N
D N F A E H I S G O K C A I V
Q A E S I S Y L A N A E B E Z
U V F U H A U T U M N X T S Q
I D H O T E D I S H S W O R D
C A N H G N L A E V E R O W K
K W L T C G D L P A I R F I L
```

DISH
QUICK
REVEAL
FOOTBALL
INDUSTRY
SWORD
SHELL
AFTERNOON
PAIR
PART

THOUSAND
ADVANTAGE
EGG
SILENCE
SUBMIT
WIFE
EXECUTIVE
PENNIES
ANALYSIS
AUTUMN

Puzzle 34

```
T A R Y E H S S B S O E D V I
O M X E X C E L R T P R I C E
W E C V D S A A O R S E O L D
A D R T X I I K C A R T G Z D
R R C T A M S U C N U S U M H
D W C Q P S V S O G E O W P Y
S I P H N Y D M L E W O Z E G
Z H E A H E A N I S E R F S X
S I P A N F T D U T S O H G S
Q N P H E D G E H O G C X F H
D N E M E S S A G E P T O R I
V D R O S S E F O R P D H D R
M P O F L A G N I N I A R T T
N Z W U L T H A N K F U L L Y
```

POUNDS
PROFESSOR
TOWARD
MESSAGE
TRAINING
THANKFULLY
BROCCOLI
EXCEL
PEPPER
SHIRT

GHOST
OLD
PUT
PRICE
SEEN
ROOSTER
SIDE
HEDGEHOG
STRANGEST
FLAG

Puzzle 35

```
P I D V B X W M Q H V I P V Z
R O G R A S S S P E L L I N G
O I U I I T H O P I Y I Z J B
W T S R A L U P O P X P N Y D
V G V T E K O M S F I Y I P G
E O V L T D L F Q P I C P G X
F Z F M B O I S W I M M I N G
C A R R O T V S E V E R A L G
S O D A U E I S S T X J H K A
M K C E N L N Z E S T M O D N
L J Y N J O G E Y R U X U L D
J M O Q T I M D A I V W D C E
O L I F P V G Q G F D E U D R
X J U G L Z T L D B F Q G Y W
```

ADMIT	CARROT
SPELLING	PIG
POPULAR	ROW
POURED	GRASS
GANDER	LUXURY
SERVE	SMOKE
SWIMMING	FIRST
VIOLET	SODA
NEAR	LIVING
NECK	SEVERAL

Puzzle 36

```
F E E L I N G P H Z Q N W S N
U S T E G A O D P F U G H I B
M A A O N M R S W D A U Y T E
O C B E T E I V S J I I G C G
T K E E A R L N S E L L N E I
H O D V F I L W K H L T I L N
T O Q N V F K E H N R Y K F V
C B Y C Z O S Q A S L P C E H
U H Y Q Y K T M C D G N O R W
D M E E U H R I Y T E I T P B
O R H A P Q N X J T K R S P H
R U V G P C U C U M B E R G X
P Y T I G U I H S L I P V J X
N G U B V K B R T H S I C A A
```

QUAIL
LESSON
PRODUCT
STOCKING
MOTH
DEBATE
WRONG
BOOKCASE
BEGIN
GET

REFLECT
FIREMAN
SIT
WHY
FEELING
CHEAP
SLIP
GUILTY
CUCUMBER
LEADER

Puzzle 37

```
Y O U N G T O A D E G P N X W
C L Q W Y P T T N R H F O I R
H Q X A H F S Q H E W H I K A
A Z R L H Z Y W B E M X T V P
R E V A L U A T E Q R O C I H
A C M D T N E R R U C S N W O
C Q U O Z N A A D H R V U E U
T F M K E A D P S V Q N F C R
E L I A S W V T G Y X P L L R
R A X P A I N T B R U S H O C
H T A P W O O L M A Y B E C N
W W M Q X G M A Q R S D V K D
T H E R M A L D I V X V X T M
B E C L G J Q S Y N V Y Q L U
```

PAINTBRUSH	SAIL
FUNCTION	ANEMONE
THERMAL	WOOL
YOUNG	WRAP
PATH	CLOCK
EASY	CHARACTER
MAXIMUM	MAYBE
LAWN	HOUR
OTHERS	CURRENT
EVALUATE	FLAT

Puzzle 38

```
K D Z A N F X Y Z L J J E F A
P R O N U N C I A T I O N E T
T O M O R R O W F W G P F A O
Y Y W X W H T T A F A I H T M
V S S P C U J B T N J D L T D
D O M I N A N T H F K I W I M
B N A N O R M Z E J O A W R A
R E H T I E Q C R Y N S G S R
G U E A L P S Y N R M L R L R
P H A S E S U B S T A N C E I
F E A O M W E E K W I N D C E
T J H G C S I X Q E B Q Q P D
M U D D Y N R B O T T L E U T
J W B W E E K E N D F Z J A F
```

PHASE
MARRIED
BOTTLE
FATHER
KIWI
TOMORROW
WEEKEND
PRONUNCIATION
BEE
WEEK

OIL
WIND
MUDDY
SAID
DOMINANT
EITHER
SUBSTANCE
AWAY
FEAT
SOFT

Puzzle 39

```
L A X L K Q Q M M J C Q H Q S
L T E C H N O L O G Y U T G O
A C P N O I T C E F F A P J Y
F T H D T K S B O N E L S Z A
D Q T I P O S S A L H I I W I
E G H E L W O K E R E F T M I
S H O W N D L M U E D Y U A O
X K N U R T R V C F G R A O S
X D A D O F I E X E E O T J T
N N E D C L H O N R L G I N M
J M M A W Q A X N A G E O J F
T E L E P H O N E K A T N T U
P A M D A F R B X A E A K R M
P Q S E B B Z H Q C W C Y M N
```

MEAN	CATEGORY
TECHNOLOGY	WOKE
BONE	LASSO
TRUNK	LOSS
AFFECTION	ATTENTION
CHILDREN	FALL
QUALIFY	SHOW
TELEPHONE	REFER
SITUATION	EAGLE
CORN	HEDGE

Puzzle 40

```
S P V K A Y J U N G M E P O W
T T G K O B A K D I P U T S E
G K R O W J B S G C L W G Y A
S H C A T T A B F Q A N Z L S
U O E W T N A R U A T S E R E
N D C B G E S A E C E F H E L
D L I K Y H G U S E H S I D P
E O L E S H V Y M E N E R N P
R M O Z Y V L Z N Y F T A E R
S U P R O C E E D O V N R T N
T M A W R Q S Q F L P E E I U
A P A I N T I N G P O L L Y P
N M E B U A R O G M R R Y N W
D Y H T S A F K A E R B O K M
```

UNDERSTAND	SOCKS
BREAKFAST	PONY
STUPID	EMPLOYEE
WEASEL	DISHES
TENDERLY	WORK
ATTACH	STRATEGY
POLICE	ENEMY
PAINTING	PLATE
RARELY	RESTAURANT
CEASE	PROCEED

Puzzle 41

```
M I G H T S R R A I N Y N H H
L Y N Q U U O O M Z E D A O A
X H P V L I B X T A S E R S M
W E T Z R T A Q I T V E R T M
E T W D E A L Z P E E L O F E
V L R U E B D P V H S N W Y R
I Y P E E L S I M R M G O V U
D N D R A E H Z S T I G E R P
E M D E I T M U B A G B J M U
N W V S N Y M L M L P F P Q M
C K C I T S B E E Y V P O P A
E I R W O Y W M N P Z I E J N
R H I N O P F I M T R V R A N
Q K C O L L E C T I O N I B R
```

RAINY
COLLECTION
NARROW
MIGHT
TIED
RHINO
INTO
SLEEPY
TREATMENT
LABOR

EVIDENCE
HAMMER
SAT
SUITABLE
WET
DISAPPEAR
STICK
ROTTEN
HOST
TIGER

Puzzle 42

```
F H Q A A A V B W K T U R P W
F O C Z N Q T W H I G X H O O
O W U S M N S C A L Q V I I R
R W I R N M X K T H G I S S R
M L N S T O C K E Q D A D O Y
A F I T E O E L V J E P O N Q
T X W U Y S C W E A S P K Y O
E N A N D H S S R Q C R T Y M
C O T T O N A A U U E O M A S
R I L S S U C P L U N A C O E
O I C E J L T N U G D C S S Y
F J T H L N E L I F E H B H Z
W Y F C X M L E P O W E R I J
P L A Y E R B J P R X N X P P
```

FOUR	AND
WORRY	FORCE
GLASSES	POWER
SLEEP	POISON
WHATEVER	LIFE
FORMAT	SHIP
APPROACH	COTTON
PLAYER	SIGHT
CHESTNUTS	DESCEND
ACT	STOCK

Puzzle 43

```
V C B H G D W M I F X K M M C
S O K E S E H C N I I E O B O
B M P P E L P Y T R I D T B M
M P R A X N S S E C C A I U B
Y A V B R X G R R T D C V S D
E R D Z V T B I E A F E A E I
P E T G D H I W S Y J D T E R
T G H N W M H C T T E F I D E
E X O I L C Z G U O D G O H C
X E U P A R D O N L O K N N T
T A G T R A I N O S A P F A I
V I H A K A A L W X Q R S V O
C I T A M A R D H V L Z U R N
S H O U L D E R D Z P D Q Z P
```

COMPARE
BEEN
DRAMATIC
ACCESS
PARTICULAR
INCHES
TEXT
SHOULDER
AGE
THOUGHT

INTEREST
DIRTY
COMB
PARDON
DIRECTION
USE
WON
MOTIVATION
DECADE
TRAIN

Puzzle 44

```
I  U  F  P  T  N  Q  U  O  R  F  S  Q  D  V
E  N  H  W  J  O  B  J  W  E  U  A  Z  A  B
N  P  C  L  I  K  X  K  N  V  N  T  O  N  E
U  C  I  L  L  X  D  H  I  D  I  P  G  A
J  Y  W  S  U  D  L  R  D  E  A  S  G  L  U
V  M  D  M  A  D  B  O  K  W  M  F  O  E  T
C  S  N  T  X  E  E  R  W  E  E  I  L  R  I
C  T  A  O  X  R  N  B  L  Y  N  E  D  I  F
J  K  S  A  T  A  O  L  F  L  T  D  M  S  U
I  P  N  N  B  C  N  L  G  R  A  N  L  E  L
M  S  I  T  E  S  K  F  E  B  L  D  I  D  L
A  I  M  S  T  R  A  W  B  E  R  R  Y  O  I
Y  W  B  F  S  E  N  T  E  N  C  E  T  T  P
A  N  A  M  W  U  S  U  A  L  L  Y  G  T  F
```

BEAUTIFUL	DANGLE
USUALLY	NONE
INCLUDE	OWN
TASK	SATISFIED
REVIEW	WILLOW
DESIRE	FUNDAMENTAL
GOLD	SITE
POINTY	STRAWBERRY
SENTENCE	SANDWICH
MAY	SCARED

Puzzle 45

```
P W M U K R M R X G O E W A O
N E Y H I E L U F E R A C B O
E R L H N P L L S G H X X D P
X E T I C E T H G I Q R R E M
P U F A S A E P O M C F A C O
E X E Y C T E T E C T A I A U
D S Y M O N O C E R N Z L Y N
I K T R T E W D F G N M I C T
T U N I A W N F K R P T M O A
I Y E V T E C H M C O G A C I
O P L G O C U P I D H S F O N
N N P E P N T U V A W R T A F
H W Y S U P P L I E S U Q Z N
C O M E C R W K Z N M A F G P
```

COCOA	EXPEDITION
MUSICAL	COME
EACH	WHO
SUPPLIES	FAMILIAR
PEAS	CAREFUL
PLENTY	FROST
ECONOMY	MOUNTAIN
DECAY	REPEAT
WENT	POTATO
WERE	CUPID

Puzzle 46

```
D N G Z V K T E A M W B P W W
H I M R T B E F E I R B R O E
U Y S S L B C Y O F E I O R A
N F A P X I I F L O V E P T R
D A I V O G R B O J L Z E H Y
R N Y B K S R B S B O M R I D
E Q P A J K A C Y A V C T J G
D Y D G R V E B X C N D Y P R
L M I S S M E K L Y I M X N N
T H I N K I N G S E T U N I M
F U R N I T U R E G R A M K H
O T V P V G D X Y O C F I R A
A M O N G I Y M U W R M E L Y
F K M W R G M S J H D G N U K
```

FOOL
HUNDRED
DISPOSABLE
PROPERTY
WORTH
MINUTES
INVOLVE
MISS
AMONG
TEAM

WEARY
RICE
BRIEF
BAG
BIG
EAR
FURNITURE
KEY
THINKING
SOLO

Puzzle 47

```
I  R  I  S  P  P  F  K  D  G  Z  D  D  A  I
P  A  I  N  F  U  L  L  Y  L  F  E  R  I  F
M  N  N  O  D  U  T  Y  B  S  D  T  A  S  O
H  L  K  O  O  S  W  O  T  X  T  A  P  N  O
L  S  T  M  G  M  F  V  H  H  I  R  O  O  R
C  I  E  R  O  T  S  Q  G  W  E  D  E  W  S
E  B  N  B  T  M  I  Y  U  N  Z  N  L  N  T
W  A  T  J  E  X  E  W  O  W  I  E  T  Q  M
J  H  H  S  O  L  U  C  B  W  L  S  H  S  F
J  P  O  U  Y  K  T  G  I  N  A  Q  D  C  P
V  B  X  L  Y  F  D  A  X  V  E  L  U  I  R
D  M  A  P  E  P  H  W  F  Q  R  T  D  Y  Z
E  V  E  R  Y  W  H  E  R  E  C  E  G  A  S
F  O  O  T  D  E  V  E  L  O  P  Y  S  L  R
```

LEOPARD	IRIS
FOOT	PAINFULLY
EVERYWHERE	GAS
REALIZE	DEVELOP
DUTY	FIREFLY
MOON	SERVICE
TENTH	SEND
RATE	WHOLE
THEN	SNOW
BOUGHT	STORE

Puzzle 48

```
D E N N Z H S D I S E A S E J
Z D N X Z O M O W H Y J M V K
W F H G G P Z H M V Z S R N Z
P W B W I N B O C E Q Z B I P
H S N X J N C L E Q W D U H W
V O L T S V E E G Y A H L K E
V P H O T O G R A P H G E M Y
C A D J Z Y H T L A E H Q R E
E V R R I D E C N I V N O C E
N L A I K I K E D A I S Y F L
T V E W O S Y J A N O T H E R
E W H K C U L E L Y P P M A X
R W U O E A S R G D B E O S U
E L E P H A N T G R O U P K W
```

SOMEWHERE	HEALTH
ENGINE	REJECT
VARIOUS	ANOTHER
CENTER	ELEPHANT
RIDE	DAISY
PHOTOGRAPH	LUCK
ASK	VOLTS
CONVINCE	GROUP
EYE	HOLE
DISEASE	HEARD

Puzzle 49

```
L O D Q R E K O O C R I V N U
D O P H P A R G A R A P X R C
N E O H B F N A N W K C P K I
A L T K C O P G W G W H R J Y
R C T E E S P J E A J S H G M
R R R S C D B R I L L I A N T
A I A U J T O Q P V S L K O F
T C N B B R U Q L B Z B I X G
O L S E P A R G A O T A K M D
R D F V A O R T N U T T A E P
S D E K L A T B T T N S B U T
J F R H B V P O S I N E J S L
L I B R A R Y O R T S E D B V
Y Y J X K N O N T O Z S V X M
```

TALKED	HOE
CIRCLE	DETECT
LOOKED	COOKER
ONTO	PLANTS
LIBRARY	PARAGRAPH
BRILLIANT	DESTROY
RANGE	GRAPES
ESTABLISH	SOFA
ART	NARRATOR
BUT	TRANSFER

Puzzle 50

```
M T K G E D A H S P E K L M Q
U B U Q W X V E L L L N A O M
V Q Q H T I T O V H M O T M R
G C H B I Z D E B G S T M E R
O O R A G N A K R E S Q F N M
R V U D T Y Z W C N S Z U T Y
H A V I N G V D C M A T N F T
G P P M E R R Y I I H L D E R
D J T O W L G L A N C E H A O
S U P P O R T S W E E T E T P
H E L D C O U R S E L H A U I
C I R C U L A R D Y Z I V R C
B M U B I M X O G D L E V E A
L E A R N X Q Z D X I J J E L
```

BEST	BAD
FUND	HAVING
SWEET	CIRCULAR
MOMENT	MERRY
LEARN	LIVE
SHADE	KANGAROO
TROPICAL	FEATURE
KNOT	HELD
COURSE	SUPPORT
GLANCE	EXTERNAL

Puzzle 51

```
A R E L A T I O N S H I P W M
N O P V P M J K D R Q S D B D
Y H R V A E L B A T E G E V L
O T E H C A M O T S G Y C M S
N G P H E T A R T S N O M E D
E Q A L T N F E N T V N U A A
S R R E Y E U G A N C N H Q F
H C E Z Z V R N T E L A M E F
G A E Z Y E T A S R O O E G V
K L L N T R H D I A T Z M J W
W Q Z L A P E F D P H D F Y J
Q O K C W R R Z L T V K Y I V
F U H N I A I L L G A B U N R
U H I I L B Y O F I N G E R U
```

VEGETABLE	DISTANT
FEMALE	SCENARIO
FINGER	DANGER
PREVENT	ROB
PACE	THE
STOMACH	CLOTH
ANYONE	HALLWAY
FURTHER	PARENTS
RELATIONSHIP	DEMONSTRATE
ANNOY	PREPARE

Puzzle 52

```
G L T E A R X G P Y D E J C W
K V Z V N P U C A L E X O F E
N B I G G B J X K L K P H W A
D E N O M I N A T O R E N E T
P U R P O S E A P H E R S L H
H N O P H T G B E C J I U C E
U V T L W G R W K U W E N O R
N O I T A R E P O O I N F M E
E Z B T Q E M R E T D C L E J
O E I W T F E D K T E E O F V
T C H F B E Z V R H W C W C H
K G O T N R A G P I H E E D C
H H R T O P W C Q G V W R U J
U A P Y P U L K P I B E W L F
```

PURPOSE
DENOMINATOR
KEPT
TEAR
TERM
PROHIBIT
PREFER
WEATHER
FOX
DRIVE

HOLLY
EXPERIENCE
EMERGE
WHOM
WIDE
OPERATION
SUNFLOWER
WELCOME
JERKED
TOUCH

Puzzle 53

```
F V C S W S S K Q V Z N M O J
S B F Y B L L C I S A B A Y D
C D H C O J Z A O W O C R C B
T R U S T I V L G F V T K T H
S J O S O R E B E V F G E L E
G O X J M Y X I W K M E T I R
C K H C A N I P S S Y N E K S
U C E J R M Y K K L I I L K G
Z I C H S S P Y H X W N T V Z
S H N A T U R A L M N Y R R U
F T P M E T T A H U G E U Q F
C H Y N A L Z P J S F K T W Z
G N I L K C U D Y D R N V P Q
D V E L E B O Z F W E L O S E
```

ATTEMPT
SPINACH
HUGE
STYLE
MARKET
TRUST
COFFEE
ANY
ITEM
NATURAL

THICK
BLACK
DUCKLING
NINE
MAJOR
TURTLE
LOSE
HERS
BASIC
SORE

Puzzle 54

```
E  P  K  C  R  S  C  I  S  S  O  R  S  I  O
X  F  R  W  A  A  A  P  W  Y  T  X  T  N  R
H  F  R  O  I  P  I  Q  A  E  G  K  K  T  C
I  M  M  H  Z  L  I  N  A  X  N  I  X  E  A
B  K  B  Z  N  L  D  T  U  E  I  R  N  R  L
I  C  N  K  Q  I  P  N  A  S  D  P  N  N  C
T  C  K  R  O  W  T  E  N  L  D  T  E  A  U
G  G  U  N  X  P  O  M  L  A  I  R  T  T  L
Q  E  D  J  P  C  X  T  G  F  K  B  G  I  A
Q  C  G  Z  O  S  Y  R  G  X  O  A  D  O  T
L  D  Q  N  U  U  Z  O  K  O  V  B  U  N  E
S  C  A  R  C  E  H  S  E  R  F  Y  A  A  L
T  C  U  R  L  E  D  S  J  U  W  W  E  L  U
H  E  R  E  E  O  Q  A  V  G  T  O  I  Q  R
```

BABY	GUN
TRIAL	RULE
KIDDING	SCISSORS
INTERNATIONAL	WILL
FALSE	WILD
EXHIBIT	CALCULATE
NETWORK	FRESH
ASSORTMENT	HERE
RAIN	CAPITAL
CURLED	SCARCE

Puzzle 55

```
B K V U A H X G Y Z I E N K W
Y T C D S C E S O O H C O P W
P W M E E T V A B M A L L H Q
U E K A L Z I R R A T T E N D
C L R P O U E R P T O P M O V
O V C U T Y C T A K E N R M M
N E O G Q H N Q M V J Y E M Q
F L D R P H O A L A M Q T O M
E B T D G E C L D O L K A C U
R O O T D A J M I L K M W F F
E W Y O R E N O I T A T O U Q
N C O M I N G I E H T Z D S Q
C F O R M E R C Z H N E J M T
E I R E I B E E C E B B V J W
```

MEET
MILK
WATERMELON
QUOTATION
FORMER
ATTEND
TAKEN
CONCEIVE
TWELVE
CONFERENCE

BOY
CUP
COMMON
ALMOST
LAKE
LAMB
COMING
ORGANIZE
CHOOSE
HEART

Puzzle 56

```
D N C M D G W F B A J F F V D
E W O P I A N R E T T A P I P
L A M C E B A H S D S C C E R
I S P S W L E X A E E L I W O
C H L N I O C Y E Y N R T S C
A D I O L O O X L A X M A Y E
T Q C W T H G I E W Y U M L D
E F A B B C A T R U V C O F U
P M T A Z S H B A T G H T D R
C G E L X H E S I R P R U S E
T A D L L L A Z Q L P N A L S
Q C R I H H N Q G N I E B D A
L M G R P U N I S H Q T I R M
A X E L Y Z E A T E N F Y X F
```

ABILITY
FEDERAL
VIEW
PATTERN
PROCEDURE
MUCH
AUTOMATIC
SNOWBALL
DELICATE
RELEASE

BEING
NEST
WASH
WEIGHT
OCEAN
COMPLICATED
SURPRISE
PUNISH
CARRY
SCHOOLBAG

Puzzle 57

```
F  L  I  P  P  E  R  P  Q  Z  D  B  R  E  V
M  O  S  K  W  P  X  G  Y  Z  X  G  E  C  S
J  U  R  Y  V  D  U  Y  X  U  W  M  S  A  E
P  B  V  O  L  U  N  T  A  R  Y  S  P  R  T
S  C  M  Q  S  L  E  P  S  E  K  O  O  E  T
T  A  K  I  N  G  K  E  M  T  E  N  N  F  L
T  X  A  M  L  O  C  C  E  T  P  D  S  U  E
O  A  L  U  T  C  I  R  I  E  L  V  I  L  R
L  Z  P  T  U  A  H  E  L  L  W  O  B  L  S
C  U  U  E  M  N  C  T  U  M  B  R  I  Y  K
E  L  B  I  S  I  V  N  I  P  O  L  L  A  G
W  N  U  T  T  S  E  I  P  P  A  H  I  B  W
T  C  H  E  E  R  F  U  L  H  Z  F  T  V  J
C  O  N  V  E  R  S  A  T  I  O  N  Y  I  C
```

CHICKEN	TAKING
CAREFULLY	LETTER
HAPPIEST	SETTLERS
VERB	RESPONSIBILITY
INVISIBLE	SON
TAPE	CLIMB
BOWL	CHEERFUL
INTERCEPT	FLIPPER
VOLUNTARY	CONVERSATION
GALLOP	JURY

Puzzle 58

```
A  S  R  R  N  I  W  R  B  R  N  F  E  E  S
N  F  R  E  I  Y  J  J  D  R  Y  Z  X  E  W
T  R  N  R  M  S  G  N  I  H  T  B  T  T  I
I  K  B  U  L  O  K  C  O  N  K  K  E  J  P
Q  W  T  S  A  E  V  Q  G  I  Y  N  N  B  P
U  N  X  S  U  N  D  E  W  O  O  D  D  D  I
E  X  K  A  G  S  C  S  I  U  J  F  S  S  S
T  U  S  E  H  S  U  P  L  O  N  I  O  G  Z
C  O  M  F  O  R  T  A  B  L  E  X  H  D  Q
E  A  C  C  O  M  P  L  I  S  H  K  J  B  S
P  B  W  C  C  K  C  R  T  N  B  E  A  E  J
S  P  I  I  C  P  W  D  Y  L  Y  P  I  R  P
E  U  S  R  U  P  A  Z  Q  N  E  W  Z  S  D
R  O  J  A  A  W  F  R  H  P  A  B  E  A  H
```

ASSURE	FIX
COMFORTABLE	RESPECT
EXTEND	PUSH
REMOVE	SEE
EAST	LAUGH
RISK	WOOD
ANTIQUE	ACCOMPLISH
BYE	PURSUE
DRAKE	THINGS
KNOCK	ENJOY

Puzzle 59

```
V N R F Q Z F C Z C A M E R A
Z O A C O L V R W E C A L H W
F I E R C E M I R C A U B A G
H T F E O B K F C Y X H A J F
W C F K H W S B X C A Z H D P
R E A R W O L L O F S P G S U
T S R A H E R E S S J V U X E
K S I M R U I A E O T U A X D
R E G N I O G L E M B E L Z W
F Y K U Z U X G K Q P U A W L
S E N I M A X E E K J U N L S
X N H X S H E L F D R X E S K
W O R A E D G C Z Y N G D S X
H U N T I N G N I D L I U B O
```

SECTION   CRIME
FIERCE   FOLLOW
MARKER   HUGGED
HUNTING   BUILDING
TAXI   GIRAFFE
EXAMINE   SEEK
BUNS   STEAL
SHELF   GIRLS
CAMERA   DEAR
GOING   LAUGHABLE

Puzzle 60

```
D C A T Y A D E E D W R J C K
L I N U G P V E R A E H I O P
Q W S J D R A L I M I S S I D
N K I O Q O I R P M B W L U J
C C R Y R N Z W S S A I V N Z
Y O S O J D X Y N T L T E S Q
V N M C W N E T I U L H A T B
T W G P T U L R M D O O F A J
S R Q Y L C B L A E O U C B H
V W I M O E A Q R N N T X L I
A G I D A O T O K T E L K E F
S V U N P N P E C E N T R A L
Y P C P G C A V A I L A B L E
F C P B F E N I F N O C S I W
```

INSPIRE
MARK
STUDENT
ONCE
SWING
WITHOUT
AVAILABLE
TOAD
UNSTABLE
DAY

ELK
APRON
ABLE
BALLOON
DISORDER
CENTRAL
HEAR
DISSIMILAR
CONFINE
COMPLETE

Puzzle 61

```
E C E I P Z S X Z R G E Q A C
F M D I S C O V E R Y T U U O
C P P M Y S T E R Y I A A T N
M E E L A C I T C A R P N H F
H D A I O F T A E W U I T O I
Q K Z R I Y Y J L E A C I R D
G M X T T P A S L Q M I T I E
C U R V E H W K R S U T Y Z N
T O H F H D N U O R G R Y E T
U Y L F I M U M R C L A I H X
R E R T W T M X P C A P G N O
K I A M H J B D E S C R I B E
E I L T D S E I R E T S Y M Y
Y C U A Z S R I A T S Y G W N
```

CURVE	EAT
NUMBER	DESCRIBE
CONFIDENT	PIECE
EARTH	TURKEY
MYSTERIES	MUG
MYSTERY	EMPLOY
AUTHORIZE	ROUND
STAIRS	PARTICIPATE
PRACTICAL	YOU
DISCOVERY	QUANTITY

Puzzle 62

```
C I A F C I H I Q I P E A E M
U O N T Z Q J J K N K X C M I
G M M T F V M H P T S P A E S
Q J T P E I I V H E T E D R E
S E L D A R C S J R U R E G R
H T E L T N E M G A D I M E A
O I N U T R I S Y C I M I N B
E P D O I Q A O T T E E C C L
S S H C T A C N N I S N W Y E
C E F V G X G Z S E N T G U T
S D E E N Y P S O P T G Q S A
P R I M A R Y L Y O O A I E E
U M B Y R R E B P S A R Q D R
L C V R M C E P Y J B T T J C
```

CREATE
STUDIES
EXPERIMENT
COMPANION
COULD
CRADLE
SHOES
NEED
RASPBERRY
EMERGENCY

MEN
INTERACT
ACADEMIC
TRANSPORT
INTERESTING
PRIMARY
CATCH
USED
DESPITE
MISERABLE

Puzzle 63

```
Q  J  O  U  R  N  E  Y  V  C  G  P  X  A  B
O  T  S  I  T  N  E  D  Z  A  R  E  G  A  E
N  N  A  I  F  G  L  G  P  K  A  B  L  C  H
P  V  B  Y  Y  R  B  Z  X  E  D  A  H  O  B
L  V  V  F  X  R  A  A  A  S  U  D  F  R  L
A  N  K  Y  R  R  R  E  S  O  A  E  J  R  R
C  Z  Q  K  E  E  O  N  P  E  L  Y  V  E  E
E  R  C  D  C  D  V  E  I  H  B  S  W  C  P
X  X  C  Z  T  N  A  R  H  O  E  A  H  T  R
P  I  I  M  D  I  F  G  C  A  C  D  L  O  E
H  A  B  I  T  A  T  Y  W  K  I  S  S  L  S
A  J  D  N  T  M  O  R  J  A  N  W  X  A  E
N  V  O  Y  L  E  F  A  S  X  R  L  L  I  N
M  E  A  S  U  R  E  M  E  N  T  M  N  P  T
```

JOURNEY	CORRECT
FAVORABLE	HAD
KISS	WARM
MEASUREMENT	BASEBALL
DENTIST	REMAINDER
REPRESENT	COIN
CAKE	SAFELY
GRADUAL	PLACE
ENERGY	EAGER
HABITAT	CHIPS

Puzzle 64

```
S N I A T N U O M W N V E M H
S W A X E H J U F L N E R U V
E F A B D C B K Y T M H S S F
R I Y N P R O G R A M I Y E F
P S H O W U F J A D Y C Q U F
X H K I K H T E S X L L O M B
E I Q L X C L Y S E P E R P Q
L N C Q M U Y Q O B P J D Q O
I G F C T B Z Z L R A O G O D
M H C W F M I D G O H G U G M
Q R E M I T T E N S S H A K E
T O Y D O B Y N A W J W E A R
R O J B I C P R M I O Y M H P
A L R I G H T H G U O R B L M
```

MUSEUM	APPLY
ANYBODY	CHURCH
SWAN	VEHICLE
BROUGHT	WEAR
MILE	GLOSSARY
MOUNTAINS	LION
FISHING	MITTENS
EXPRESS	HIDE
SHAKE	PROGRAM
ALRIGHT	MODEL

Puzzle 65

```
S U S P H H F G X H E L L O A
H V P L B A O R K W I R V T P
A P R I V J R S E S U O H E P
P T W N O W K E P E R Y H O O
E C A R D S I K C I D Y Q C I
A J D G I U F K E V T O X C N
T H E R M O M E T E R A M U T
F H R U S M R O F L Z Z L R P
F F E Q F A G R A D U A T E E
B V V C Y F C H A P T E R R R
B W O D A H S O P P O N E N T
L X C N S U B L F S F S G L A
P Z Z X Z I H B R F Y H D E L
T O F G O C O M M U N I T Y G
```

FORM	COVERED
HOSPITAL	CARD
OPPONENT	COMMUNITY
FREEDOM	PER
HELLO	SHADOW
SHAPE	OCCUR
THERMOMETER	SAY
CHAPTER	HARE
GRADUATE	FAMOUS
APPOINT	HOUSE

Puzzle 66

```
P S A Z N V T G V L L A T K L
W P R E P A P S W E N M T A B
A T P K L M G J N A N A M O W
R A Y D S J K D R V U R Z D Y
D I M I T U C A U E J R P S L
R D B C C M D M T S D Y S U B
O D G P D O F D A N R U Y S A
B O M Z W G S C E W E L O Q T
E O L V F G I P J N K I P L I
O R H I Z F K C O R L T C K R
A P P L E U A U O E J Y P D R
V E R Y G B L T Q B M J A B I
E Y R V A B L E S J U Z V Q E
B J L D C Z D E H H C R A S H
```

TIMID
WOMAN
SUDDENLY
DOOR
VERY
TALL
LEAVES
NEWSPAPER
BUSY
CRASH

WARDROBE
CAGE
ROCK
TURN
APPLE
IRRITABLY
STAFF
CUTE
MARRY
LOUDER

Puzzle 67

```
P P K D L G B W B A D U S H I
R Q E I K H E O H W N D U E N
E Q R A H Y W N F S N S R L T
C T U R C M O D A C R V E P R
I I S F T E S E H R N A W F O
O O A A I P F R Q U F J Z U D
U R E R D U I U D B S V X L U
S C M V V O X T L E F P A L C
A O U B E C J S U V C R E Y E
S T M S B I I M O R X D U A D
L H W Y T H Y E W E O F Y W K
V R T C Q O V U R S S T A T E
C O W B O Y M D D B H T K W Y
M Y R A L U B A C O V X O Y I
```

SURE
OKAY
AFRAID
WOULD
COWBOY
CUSTOM
OBSERVE
SCRUB
PRECIOUS
COUPE

PEACEFUL
HELPFULLY
MEASURE
VOCABULARY
DITCH
WONDER
INTRODUCE
STATE
FELT
SPEAK

Puzzle 68

```
S S M A F T P W Z H B G E N U
Q O Q T H F I R W X S L T E R
F M C T L B L K O Y Q A H G W
B J I I J O W A F B A S C A A
G A P Z E V G S K R L S M T S
N R O U F T V M C K W E M I T
I O T Z G G Y P U C C O M V E
Y U U R O M L E M A C T B E E
A R T N E D L E T O M L G B G
L T S I S S A C X G A W U E G
P R S U O R U T N E V D A L S
V I S I O N T U W Z U J T T P
S D K M O G C Z R J B Y F L O
X D M O Y L A J T O E Y R K P
```

GLASS	SOCIETY
OCCUPY	EGGS
ADVENTUROUS	GOES
BELT	VISION
ACTUALLY	LIP
ASSIST	NOUN
PROBLEM	TOE
MOTEL	WASTE
PLAYING	TOPIC
NEGATIVE	CAMEL

Puzzle 69

```
Y  N  N  U  B  F  H  T  L  J  Y  V  C  W  Z
Y  E  U  J  B  K  M  J  R  T  Q  R  I  Q  P
G  P  C  R  J  D  A  A  Q  B  S  I  N  N  M
K  S  U  E  S  N  O  I  T  C  I  F  E  Y  A
S  U  O  D  N  E  M  E  R  T  C  W  M  V  N
S  N  J  I  E  S  V  G  W  A  I  B  A  D  A
W  G  L  P  I  I  J  D  I  L  R  T  A  I  G
B  I  P  S  Q  M  D  I  T  W  T  S  U  J  E
L  A  T  P  W  O  W  R  H  A  C  M  Y  D  R
F  P  K  C  L  R  O  B  D  Y  E  T  X  C  E
O  M  L  N  H  P  R  Q  R  S  L  G  L  P  N
Y  A  K  M  V  P  K  L  A  U  E  U  A  Z  I
Z  C  D  R  K  Y  E  C  W  Y  M  X  Q  I  Y
L  Y  Y  P  Z  U  R  F  R  E  Q  U  E  N  T
```

ATTITUDE
NURSE
BRIDGE
FICTION
SPIDER
ALWAYS
MANAGER
ELECTRIC
PROMISE
CINEMA

WITCH
FREQUENT
WORKER
END
PEN
TREMENDOUS
WITHDRAW
BUNNY
JUST
CAMPAIGN

Puzzle 70

```
M F I R M B E O I T D Z L P J
R I R P G F D K N O I T N E M
E H S Y Q W I S O G T Y W H T
G Q G E G A L L I V O J A A Z
U I Z T R J L O T E P A D N E
L A N A G Y O U A X X V L G Z
A A G L M W C V R I J P U N H
T A T U O H S V E W N Z A R I
I X F C C J D Q N M F V B N K
O G I R R E M B E T H I N K D
N K N I S S H E G U X S N M W
V X E C P A R T I C L E Z F V
P A R S N I P R I T S R A V Y
X U L V M U M M Y K T H A T Y
```

MISERY
REGULATION
MENTION
PARTICLE
COLLIDE
EXPAND
GOAL
SHOUT
THINK
MUMMY

PARSNIP
GENERATION
SHE
VILLAGE
HANG
SINK
CIRCULATE
DAWN
FINE
FIRM

Puzzle 71

```
F D P U H V C E X D H W F D E
C I T S U O I C I L E D I A L
H K V R E C R O S J O O N N E
A T N E A F I Y L L I S D G M
N R W W E N G Q U E P H F E E
C U E O L J I M X B N F C R N
E H G L P D D V V S X C N O T
U G N F I M Q L B K O H E U A
S B A F Z A M O G E F A E S R
C B R H Z E B A S L F V W L Y
Z M O U U R Z L R E I E T Y B
C A R E M C O N E T C S E Q T
T P K O M S X G Z O E L B X Y
R E S O U R C E R N R B D B I
```

ELEMENTARY
HURT
RELIABLE
RESOURCE
VIOLENCE
OFFICER
SCREAM
CARE
SKELETON
DANGEROUSLY

DELICIOUS
BETWEEN
NEW
CHANCE
RIGID
FLOWER
ORANGE
SILLY
FIND
FIVE

Puzzle 72

```
B W O G I D X Y D M U R E S N
E L T E E B V T O H S E H H J
Y L D I P A R A U V U P O A N
O I C S N E T T B Y O L M R P
N J T R K L I U L A I Y E P X
D M Z S I Q F A E N V Z T E K
T C J E E S F L W I B W O N A
M O U S E L I Q T M O D W E C
O V P O U D F S W A W X N R Y
X X R M P E O H E L W Q J A K
F R E E A N E R A T P D Z O H
S U B J E C T N E R E F F I D
B O S Q P R I V I L E G E H F
F C Y E N I D C L W E S P B W
```

REPLY
FREE
CRISIS
DIFFERENT
ANIMAL
HOMETOWN
MOUSE
OBVIOUS
ARENA
BEYOND

PRIVILEGE
BEETLE
CAMP
SHARPENER
NOW
SUBJECT
RAPIDLY
DOUBLE
SHOT
ITSELF

Puzzle 73

```
L S L A I L J E G O E V L X O
Z W A E S C L F C N T O P G L
I O R U A Z E N A C I R R U H
E R U V S K V U H R D F R S
Z D M O G A H T D I W E L E Y
H A H N I B G M Q C B T W C K
T P L U H U E E V K R A A O Q
L I L A C J Q C S K E I G M K
S U P P O S E D O B A L O M D
P Z I M U P N T Y M D Z N E T
Q M X B G S D E W K E O G N K
H O U R S G Y B A N Z K U D B
P Y V A X E L I E T W R S A R
V P R D U C A R W U J Q T M N
```

RECOMMEND
WIDTH
LILAC
BECOME
WRITE
SAUSAGES
BREAD
CAR
NEAT
WAGON

GUST
HURRICANE
DETAIL
POT
SEA
HOURS
WORD
SUPPOSED
MURAL
CHICK

Puzzle 74

```
F  I  K  Q  T  V  K  D  F  Q  F  U  Y  U  T
Q  E  Z  D  S  A  C  Z  O  I  Q  G  O  G  K
Q  N  N  Z  E  A  U  P  M  E  B  E  K  N  G
D  O  A  C  T  H  W  G  Y  S  O  N  O  N  Z
M  I  U  E  E  T  R  Q  H  H  S  I  D  A  R
E  T  R  E  N  R  O  C  C  T  L  L  E  F  M
D  C  E  E  A  A  R  E  N  N  I  D  V  H  L
I  E  T  H  C  B  W  K  I  L  D  T  I  D  L
U  N  A  E  B  T  S  P  X  J  E  T  G  G  O
M  N  L  I  S  T  I  S  T  A  Y  I  R  J  T
Y  O  W  G  A  W  T  O  B  T  O  D  O  L  G
X  C  I  J  C  M  E  U  N  Y  F  Y  F  F  E
X  L  E  O  K  N  V  K  X  S  C  O  M  E  S
U  N  H  S  Q  T  Z  K  S  G  I  H  Y  F  W
```

TAUGHT

STAY

MEDIUM

COMES

SLIDE

TEST

TIDY

DINNER

INCH

LOT

RADISH

CONNECTION

LINE

LIST

FORGIVE

LATER

CORNER

DIRECTIONS

FELL

FENCE

Puzzle 75

```
D H S G N S F S D A M I G C Y
R I A H G W M H I G E Y R O A
E I S L C H G A S Q S S E R C
D M C C L A M M T I P G E T Q
N X G H O T V P U I O U N O E
U B T G O V M O R B R C L U L
T H G I R X E O B S D R P G R
H I L L T K A R S K W A T H E
G Z Z C X K G C E G O Z T F C
I L O C F M T D N C N Y F S E
N R A D I O A Q S L S N O R N
O I Y W S Y G G E D G W G W T
T P E C C A W O R R I E D U L
V R Z U H P W I R F W P H U Y
```

WORRIED	TONIGHT
RADIO	WHAT
ACCEPT	SHAMPOO
SENSE	HALL
UNDER	RIGHT
CRAZY	SNOWDROPS
DISCOVER	GREEN
RICH	TOUGH
DISTURB	HILL
CRESS	RECENTLY

Puzzle 76

```
B N B X H R P A G E J B T P S
J Y D T C B E S U C C A A O I
E J C E Y C N P H A Z X L I X
I R I L Y T I R O J A M K N T
C Z G W K O M I S R O C I T H
P E A C H H A N D O T M N L H
N Z R T C S T T L Y U R G E E
B A T H R R M M Q J I P H S A
P E I G A Q B A V D E T F S L
E E A I E S U O L B Q J M F T
J F W E S Z J U F L U Z P R H
J L E H E Q J J H K A S I C Y
V J S T R M M K J G L I U J H
F O M S D W E I R Y U F X F U
```

BATH
SIXTH
MINE
HEIGHT
RESEARCH
ACCUSE
PAGE
EQUAL
HEALTHY
TRAGIC

WAIT
SMALL
REPORT
PEACH
TALKING
BLOUSE
HAND
MAJORITY
POINTLESS
SOUP

Puzzle 77

```
P V U C T Y P I C A L P Q D H
J B G A Y G R A H Q Q R S U I
D L F N E D R A G P Y E B R G
O U T A D O N K E Y W S A A H
W A F R S T O O L L E E S T W
N X U Y P X S H C O S N K I A
B U R N E D P X W O T T E O Y
Y W O Z K Z O D Y K E Y T N P
A I G S V T R E V I R D B X I
M P T W W G T S J P N Q A X A
S L E D G E S R A T S V L T N
D Z V I V C L C Q I L B L Q O
V A L U E A T L U M C B S L S
J A H I M S E L F Z R E F K T
```

SPORTS	BURNED
DOWN	PRESENT
DRIVER	VALUE
HIGHWAY	WESTERN
BASKETBALL	STARS
SLEDGE	DURATION
TYPICAL	LOOK
PIANO	GARDEN
CANARY	DONKEY
HIMSELF	STOOL

Puzzle 78

```
E F Z I B W T I Q K V V P I C
V O X N N E J G M K E O Z R O
E R Y C S S H L S I Y I R D N
R T R I P T N I B C T D U M F
Y U Z D D S O Z N A T A J K U
T N O E R U I P K D E P T K S
H A M N C M T L P H R E L E E
I T O T R X U T Z E P T Z V S
N E R B A L T K X N D R Q I A
G U E P B R I M I L L O Z G C
B V K S O Q T I P F Y L N Z W
W M P H M D S H E R S E L F G
U K S P Z R N W O R C J P L M
F L R K M W I Z S X R C H N A
```

FORTUNATE   MUST
IMITATE   GIVE
STOPPED   CASE
MILL   INSTITUTION
CONFUSE   CROWN
PRETTY   CRAB
MORE   SEW
INCIDENT   BEHIND
PETROL   EVERYTHING
VOID   HERSELF

Puzzle 79

```
T  L  B  H  V  L  G  J  A  T  S  D  U  S  F
R  F  E  N  I  T  N  E  L  A  V  R  Y  I  E
O  R  G  N  J  S  U  E  N  O  Z  H  S  G  X
U  G  R  L  D  U  F  D  J  X  U  H  Z  N  A
S  D  A  P  Y  O  S  B  N  Y  N  R  K  A  M
E  Y  H  N  E  R  B  E  S  I  D  E  S  L  I
R  S  C  T  Q  E  L  G  N  I  S  V  K  J  N
S  T  H  I  N  G  T  S  R  Z  W  E  B  C  A
A  S  C  E  M  N  V  E  P  X  J  L  I  V  T
J  E  Y  L  L  A  N  I  F  E  N  C  N  G  I
B  W  C  Z  Y  D  E  R  O  B  E  I  S  H  O
P  I  C  T  U  R  E  R  A  F  F  D  I  A  N
D  B  U  O  N  R  O  T  C  Z  D  C  D  H  C
D  I  F  F  E  R  E  N  C  E  C  M  E  Y  P
```

BESIDES	THING
SPEED	FINALLY
BORED	FAR
SINGLE	CHARGE
EXAMINATION	LEND
TROUSERS	WEST
CREAM	SIGNAL
DANGEROUS	VALENTINE
INSIDE	CLEVER
PICTURE	DIFFERENCE

Puzzle 80

```
A E I W M T F E J C P D B Y U
M T I D E A P E C M R Q C O W
I X H T S M P O K P E H K E U
R E B L T N E R A P S N A R T
R N Y I E N I L C N I C C P I
O E L Q R T P L U M D V J Y B
R H N M O L I T F P E R E R A
N V I R H A W C Z U N T P J B
J H A T C B R Y S I T M L N H
D P T S R L U A S O M E O N E
B O R D E R N S U P P E R D Q
K S E A S W E E T S S A D A V
G L C O H C Y C L I N G M F W
C T O A X S I D E A E R S G G
```

CHORE   COW
ATHLETICS   NEXT
PRESIDENT   PLUM
IDEA   SOMEONE
SHARP   MAP
INCLINE   RUN
CYCLING   TRANSPARENT
SUPPER   MIRROR
SWEETS   CERTAINLY
EDIT   BORDER

Puzzle 81

```
B E F F U S E T C A K Z X T D
M I E N E R H A O I P A C B P
T R R V L B W L N N O H Z L M
H F O T L E M L F V T W O G N
R D N V H O B E L I S O Z N B
O Z G E G D I S I T E R J I E
U O I T U E A T C A F Y M N N
G S N A O F Y Y T T O Y U R I
H T M L H G X Z T I R P D O F
O Q U O T I E N T O E J A M E
U V L C G R V O M N S U Y I D
T O O O S O U R C E T K Z E N
P H C H S L A L W X Y M T H H
X S K C M I N U T E O Q B V V
```

STOP
MELT
MINUTE
THOUGH
INVITATION
PHONE
IGNORE
CHOCOLATE
BIRTHDAY
PAIN

FOREST
DEFINE
QUOTIENT
COLUMN
MORNING
CAP
THROUGHOUT
SOURCE
TALLEST
CONFLICT

Puzzle 82

```
P A W H E R E T C E F R E P K
V R E B M E M E R V J U G A N
T P O D A W N O I S I C E D E
E I S U A O L G T S N H P Z E
H N S I D H L N I J V A A X I
O K M X C S R E C K I W Z Y L
L D T B W K T P A V D K L R X
I O Q E T U O P L D U R I N G
D D E S P E R A T E N Q W T P
A N G R A S S H O P P E R E V
Y Y O U R S E L F L A Z Y Y A
P E R S O N A L L Y H I J I U
B G P H D I V I S I O N M R Q
V E O A S Y L G E S D C X S C
```

CRITICAL
REMEMBER
DECISION
PERFECT
DIVISION
HAPPEN
KNEE
DESPERATE
HOLIDAY
DURING

PINK
PERSONALLY
LAZY
WHERE
HAWK
PROUD
SHOWER
SICK
GRASSHOPPER
YOURSELF

Puzzle 83

```
X K C O H S Y A N Y T H I N G
I Z D L T E M P E R A T U R E
M Q J H A G S H C J D D Z I E
A X C U P S Y V C C Z O J G L
G H P H Y G S C O N T A C T I
I E U L G E M R E H T I E N G
N A H T R U O F O I Q A R A I
E T T P T N E W S O D F O K B
F U T U R E P L V S M F L N L
V L Z R E V E W O H Z O K Z E
G O V E R N M E N T T R L N M
B N O I T C U R T S E D O B W
I M P O R T A N T W E C F Z A
Q K I W F R V I H D J Q F I J
```

CONTACT

FUTURE

ELIGIBLE

GOVERNMENT

CLASSROOM

GLUE

SHOCK

NEWS

FOLKLORE

IMAGINE

ANYTHING

NEITHER

HEAT

AFFORD

TEMPERATURE

ERUPT

IMPORTANT

HOWEVER

FOURTH

DESTRUCTION

Puzzle 84

```
V R B V W G O R F A S Q R G E
O P T I O N T S K T D T M A N
J W A R A I O P F T S N A K I
C A D P T I P E M A V I P N M
E T C R S K H C L C T O P W D
L T U E T S J I A K A P B U R
E R Y S N T V A K Z Q B Y C C
N A M E A C E L B O Z G D N D
G C F R D L G R L Z K U D U L
T T E V E J A J M L I T T L E
H I W E P H M A J S S T E E L
C V R Z E Z I D R A W E R E N
N E B T N F I H P U T E J T W
O R F M D R O C E R O L Q V W
```

FROG	FEW
PRESERVE	RECORD
LITTLE	MAN
ATTACK	IMAGE
DRAWER	SKIING
OPTION	STAND
TERMS	SPECIAL
POINT	WAR
ATTRACTIVE	STEEL
LENGTH	DEPEND

Puzzle 85

```
C W L P W V W I S S P O N G E
C O F U R I O U S Q A Z A S W
O W N U D M R E T I R W P B P
L R T C C C M S S Q U J I U
L I K W E V I S N E P X E Y L
A N A W L N E S S E N T I A L
P K T G D L T N U O C L N W E
S L H E D T Y R D N U A L E B
E E B L I W E R A R E T A H R
Y R S A M X Q C T T G A T U Y
X D F N N I I F O I E F O D T
W Y J F D A F H P H J R T Q N
I N D E E D N B Y V S P W U U
F U C V J H Q A U W L F I A X
```

BELL	HIT
WRINKLE	FURIOUS
FATAL	CONCENTRATE
EXPENSIVE	LAUNDRY
COUNT	CROW
INDEED	HATE
RENT	TOTAL
MIDDLE	BANANA
WRITER	ESSENTIAL
SPONGE	COLLAPSE

Puzzle 86

```
Q  T  S  C  N  O  I  T  P  E  C  X  E  S  D
T  N  E  R  A  P  E  T  S  R  D  A  S  F  H
R  L  L  U  A  R  J  S  J  M  O  N  M  X  F
N  A  C  S  V  N  I  G  H  E  D  F  M  F  D
O  N  I  O  N  A  G  B  S  W  A  S  I  K  H
I  I  T  I  U  I  N  E  O  E  Q  F  C  T  U
T  F  R  Q  G  D  U  Y  L  U  P  T  H  O  M
A  O  A  S  U  N  G  L  A  S  S  E  S  P  A
C  Y  K  O  M  E  M  P  W  J  L  O  R  E  N
U  A  Q  V  P  P  E  M  P  V  T  R  E  R  I
D  U  O  L  C  S  B  I  R  E  Z  T  T  A  O
E  M  S  E  V  L  E  S  M  E  H  T  U  T  S
Q  O  B  S  E  R  V  I  N  G  A  K  R  E  N
W  I  S  D  O  M  S  Y  O  C  H  I  N  O  F
```

SPEND	OPERATE
HUMAN	FINAL
ARTICLES	PARENT
PETS	ONION
ANGEL	SUNGLASSES
THEMSELVES	CLOUD
EXCEPTION	WISDOM
EDUCATION	RETURN
CARIBOU	PROFIT
OBSERVING	SIMPLY

Puzzle 87

```
T T Q V M M R O F E R T Y A G
P Z G B W V D C G U D O H F H
A N Z W H N K A C G K W T D I
P I E L B A S U E R A H F R O
F E V A H E B T C A P M I V T
N Y L S R B T I F A M I L Y X
H A L E E L K O G A W W B E B
M T T D R N Y U Y E A G O Y E
V T F I D S I S G M Y D Y X T
L W T S O P S O W O M E N A T
O L H T H N A L R E Y W A L E
O Y D U T S G T N U Z L W B R
S E D O I P I I B K A G A A S
E H I N W L E M N A J E A L Q
```

BETTER
REFORM
WOMEN
LOOSE
STUDY
ARGUE
BEHAVE
REUSABLE
AGO
IMPACT

OUTSIDE
LAWYER
NATION
FAMILY
POST
WITH
WAY
CAUTIOUS
SENIOR
NEARLY

Puzzle 88

```
Y  F  R  N  Y  M  R  A  A  P  P  C  U  C  Y
W  M  D  J  C  L  O  W  E  R  I  G  Q  R  Q
R  X  N  B  E  L  T  N  E  G  D  H  C  I  T
L  V  S  J  X  W  G  C  F  F  N  O  Z  T  O
A  R  M  C  H  A  I  R  A  E  I  C  M  I  P
G  K  T  R  E  S  N  I  G  X  W  I  N  C  E
P  B  E  S  E  N  O  I  T  C  E  L  E  I  N
X  F  U  A  M  P  Z  J  K  V  R  G  D  S  K
A  T  O  M  I  C  A  K  H  O  E  U  D  M  J
K  B  Z  G  T  X  D  I  O  I  I  L  L  U  P
B  A  S  E  B  O  E  S  R  C  L  N  G  T  J
C  O  M  B  I  N  E  A  T  E  N  R  G  D  V
D  D  V  G  W  U  S  N  R  O  C  A  K  P  T
V  I  L  A  V  H  O  D  I  E  A  D  P  E  F
```

BASE	GENTLE
EXACTLY	REWIND
OPEN	PULL
LOWER	SAND
TIME	COMBINE
JUDGE	ARMY
ELECTION	REPAIR
ATOMIC	ARMCHAIR
INSERT	VOICE
CRITICISM	ACORNS

Puzzle 89

```
M O N E Y F I R A L C Q X Z B
S Z O N C Q O N U R Y F L J I
E V S I U Y H G N I T E E M S
V K I H L D E L T T E S O X O
E U R S T A Y U M P V W B W N
N G P N U L S F W V G J I E L
T W Q U R T E Y C I V M N N D
H X O S A H R A L U G E R R I
Z U J L L O C L K I C T S I R
X R K K F U A P P U N I A G A
A T H U T G H I Q O H U H M C
V W K X Y H S F T M X Q P D M
P E R F O R M A N C E P L Q G
S U M M A R I Z E U C T A L U
```

SEVENTH   SUMMARIZE
QUITE   CULTURAL
MONEY   BED
SUNSHINE   ALTHOUGH
PLAYFUL   CLARIFY
AGAIN   OWL
SETTLED   PERFORMANCE
PRISON   WOLF
MEETING   AUNT
BISON   IRREGULAR

Puzzle 90

```
E X T A X C A Z A G E A D D G
V E Z I N G O C E R Q T J D X
E F C F I Z L C C K O R D E R
R S C H E D U L E U B W K L N
Y E I K S T C Z J L R L L A Q
B M F O E R A K X E L A O S G
O I I G H F B C K K Z G C O H
D T C F T O U V I A S B V Y D
Y E E D I V O R P L J E L L Y
S M P T W I C E C F P P V N F
Q O S F I E L D P W B U E O I
W S E V E N T F I O J M D S D
I O A F T E R R H N X G F E O
V E V Z L G D W K S O P S Y M
```

AFTER
DUPLICATE
PROVIDE
RECOGNIZE
ACCURACY
JELLY
SCHEDULE
TWICE
SPECIFIC
THESE

EVENT
ORDER
SNOWFLAKE
FIELD
EVERYBODY
NOSE
MODIFY
TAX
BLOOD
SOMETIMES

Puzzle 91

```
A M O U N T J U C B E S A A E
S C I E N C E O U F Y P U B N
K M U A G L C S S Q F E S B H
I G R E Y K S W T Q Y L F R I
P Z Y A R E V W O L K L M E S
S D R E Y I J U M F P N N V T
B L R T I K V I E D M R O I O
T A E B Z D T E R B Y L T A R
S R B G U P O A R D X E H T Y
E C E M A T E R I A L F I I Z
R I S A M E T H O D H F N O D
H E O J T L U D A V Z O G N C
U V O F E Y X F R B J R F M G
S R G N I R U S A E M T E T R
```

SPELL
MEASURING
BEAT
ADULT
EFFORT
REST
CUSTOMER
ABBREVIATION
METHOD
MATERIAL

ARM
GREY
NOTHING
SKY
GOOSEBERRY
TREATY
HISTORY
SCIENCE
AMOUNT
RIVER

Puzzle 92

```
T  S  C  O  O  P  E  R  A  T  E  D  S  A  W
Y  C  A  B  F  Z  A  X  P  Q  E  N  A  U  K
K  R  T  N  O  I  T  C  U  D  O  R  P  T  P
S  V  Q  O  D  R  A  W  O  C  M  I  G  O  H
O  N  A  T  C  C  F  Q  S  W  Z  R  M  S
G  N  I  X  O  B  A  A  X  G  O  T  O  O  U
L  B  W  S  S  G  D  S  N  N  H  O  U  B  G
P  B  U  O  F  E  E  R  T  I  E  L  N  I  G
Y  V  C  Z  N  L  L  T  A  L  R  D  D  L  E
I  B  I  C  Y  C  L  E  H  L  E  L  T  E  S
U  R  M  Z  U  K  U  A  N  E  D  D  U  S  T
L  Q  A  N  V  F  P  S  T  P  R  A  C  B  N
A  V  O  I  D  S  U  B  T  S  E  U  Q  E  R
S  E  A  R  C  H  I  N  G  Q  S  Y  C  R  E
```

SEARCHING
COWARD
AUTOMOBILE
AVOID
TOLD
GROUND
TREE
TOGETHER
COOPERATE
CAN

HER
PRODUCTION
CYCLE
SPELLING
REQUEST
SUDDEN
SANDCASTLE
BOXING
PULLED
SUGGEST

Puzzle 93

```
G P N H P G W H W W W S I K D
I L A U S U L U U X L J K B K
N X C R D N U O R A Y E K V E
G U I S T D I Q B N D G N L N
E G R S S I U N P E O R V E T
R M E J P B C F I N N E F A I
S E M Q L X L I O J E A A F R
D W A Q A S C U P F A T M D E
T S U O I R U C E A N C U W G
X B B D N W O L L B N Y T P N
O A S Q S H Q E A D E T Q B A
F A U L T E F U H G M L K J R
H O R S E A C Z W R H P L I T
I P R G S T I U P E R I S H S
```

DONE	LEAF
GLOBE	LOW
FAULT	WHALE
ENTIRE	PERISH
AMERICAN	WHEAT
AROUND	HORSE
BLUEBELL	PARTICIPANT
STRANGE	GREAT
CURIOUS	USUAL
PLAINS	GINGER

Puzzle 94

```
L O R R Y I D R E H E A Q P C
U T J I N W L E R I F A U D O
F O M S N N I M C B K H R O M
R L E I U B H U B R A X T N P
O E M D F J C L K V E O P O L
L R B K J S N O O L L A B S I
O A E T Y E S V F K U M S A M
C T R M R K T C M Q V E P E E
E E F U N A D S D N Z J M R N
A H X I S F N R G U U S L L T
X I S P Y X V S T I T L E F A
P I N V E N T L M E A T D Z R
F S S B Q A W F C I F W E U Y
F B V S V D S E G U T Z O O B
```

LORRY	FAT
TITLE	FUN
COLORFUL	TRANSMIT
VOLUME	BALLOONS
FUNNY	INVENT
COMPLIMENTARY	DECREASE
MEMBER	HERD
TOLERATE	YES
REASON	CHILD
EARN	FIRE

Puzzle 95

```
T  D  D  N  O  P  S  E  R  I  A  C  S  A  W
Q  Q  T  E  T  A  I  T  O  G  E  N  C  L  I
L  U  N  T  M  D  G  I  X  N  D  O  O  S  N
I  S  E  I  M  O  X  V  Z  I  Q  R  R  O  E
G  T  M  S  K  U  C  Z  K  K  L  E  E  S  B
H  A  E  G  T  F  H  R  O  V  J  H  P  X  E
T  T  G  E  U  I  O  L  A  N  R  E  T  N  I
L  E  A  L  A  Y  O  L  T  T  X  B  A  N  K
T  M  N  B  E  H  S  N  E  D  I  G  A  O  T
U  E  A  U  K  U  E  G  N  N  Q  C  L  R  J
H  N  M  A  E  M  P  T  I  E  D  B  E  T  X
J  T  F  H  W  T  A  Z  E  Y  L  Y  R  H  Y
P  A  A  X  F  D  O  U  L  M  T  K  T  P  L
R  Q  N  E  E  W  Z  C  A  O  T  I  O  D  H
```

DEMOCRATIC	ALERT
HERON	GUYS
LIGHT	EMPTIED
LOYAL	STATEMENT
SCORE	WINE
KING	NEGOTIATE
RESPOND	ALSO
NORTH	TEN
AIR	INTERNAL
QUESTION	MANAGEMENT

Puzzle 96

```
S  T  I  K  X  W  V  D  R  A  Y  G  X  F  I
I  Q  M  G  X  F  E  L  Z  I  Q  K  B  O  J
N  N  D  N  J  S  A  D  W  N  C  L  P  U  V
N  V  V  Y  F  D  V  C  E  L  V  H  Q  N  J
E  X  A  M  P  L  E  O  I  A  K  J  E  D  M
T  E  B  H  L  Q  L  N  V  P  L  W  D  S  H
U  G  R  S  O  W  K  D  R  D  O  G  K  S  T
O  B  L  G  W  N  R  I  E  N  E  V  S  T  L
B  T  U  E  E  Q  A  T  T  A  K  Z  Z  A  B
A  Q  N  L  U  D  P  I  N  R  U  S  Y  R  D
M  A  K  I  N  G  S  O  I  G  Q  M  B  T  H
D  A  N  C  E  J  Q  N  I  H  P  G  Z  O  D
R  E  S  I  D  E  N  T  R  Y  Y  Q  U  Q  Y
I  N  D  E  P  E  N  D  E  N  C  E  P  S  K
```

ABOUT	CONDITION
SPARKLE	RESIDENT
INDEPENDENCE	GRANDPA
RICHEST	START
YARD	INTERVIEW
DOG	TENNIS
FOUND	DEGREE
ITS	MAKING
LEGS	DANCE
EXAMPLE	DEAL

Puzzle 97

```
P  I  Y  L  F  R  E  T  T  U  B  N  P  M  S
N  E  M  A  G  B  N  D  P  Q  D  G  R  A  O
N  R  R  E  F  F  U  S  A  U  F  A  I  G  M
V  S  Y  M  S  H  Q  K  N  K  N  E  V  A  E
T  N  E  C  I  F  I  N  G  A  M  Z  A  Z  B
R  T  K  Z  U  S  S  I  X  L  Y  J  T  I  O
R  Z  N  G  E  A  S  N  I  C  E  G  E  N  D
O  I  O  A  T  G  F  I  E  R  Z  V  R  E  Y
C  O  M  Q  R  A  H  I  O  H  Z  I  E  O  G
K  V  V  I  O  K  F  U  D  N  W  S  V  H  W
E  P  R  O  P  E  R  E  D  R  O  A  E  A  N
T  A  R  T  I  S  T  S  E  Z  B  K  F  S  N
I  K  B  B  Y  M  C  R  J  T  M  E  D  I  A
R  Z  J  E  Z  L  J  L  B  I  Z  R  S  W  C
```

MAGNIFICENT	NICE
MEAL	BUTTERFLY
PERMISSION	PROPER
SUFFER	PAN
GAME	EVER
MAGAZINE	SIX
MEDIA	PRIVATE
ARTIST	MONKEY
GROW	SOMEBODY
ROCKET	FEET

Puzzle 98

```
Y  T  I  R  O  H  T  U  A  L  O  C  A  T  E
N  U  T  R  I  E  N  T  S  F  G  R  Y  U  N
A  E  H  V  H  S  G  Q  J  O  T  W  O  U  V
P  U  V  X  S  I  I  J  H  R  E  F  E  D  E
M  E  V  A  S  R  H  I  O  W  F  I  S  H  K
O  P  O  B  E  V  I  R  R  A  N  J  L  N  Z
C  O  J  Q  S  H  H  Y  T  R  E  V  O  P  Z
W  C  O  T  J  J  Q  M  X  D  Z  N  K  G  T
M  S  T  O  T  I  U  Q  S  O  M  F  A  Z  N
Q  E  M  L  Z  W  G  F  M  A  S  G  H  S  X
P  L  E  N  T  I  F  U  L  A  W  F  E  T  X
F  E  H  E  D  N  Y  V  T  Q  N  Y  A  I  U
R  T  T  W  Q  L  A  Q  H  P  Y  Y  D  L  U
T  K  C  B  V  Z  Z  H  N  Q  C  S  G  L  Z
```

COMPANY
MANY
FORWARD
NUTRIENTS
THEM
AUTHORITY
ARRIVE
RISE
HEAVEN
TELESCOPE

DEFER
AHEAD
PLENTIFUL
LOCATE
MOSQUITO
POVERTY
SAW
SAVE
STILL
FISH

Puzzle 99

```
E X A G P P H K O F L Y K Q N
L N I H T S H O I S L L E S I
F B V C B A Q E C T F N E N U
M C W I M J O S J K C O P P P
S N J H R A E L C R E H D O E
A M G W R O L O C O Q Y E U R
S O C S Z O N G O N E T K N F
L O P I V N T M S I N L S D O
A D J U S T A B E M N R A T R
T S C C T V B D P N E Z L R M
N P B O N U Z J N Y T R U T C
E A H S I U Y K N B Y V N W C
M C W Y A O X S P T B O A J J
U E X O P T B N K E O U R J L
```

KITCHEN
ONLY
COLOR
KEEP
PERFORM
THIN
MINOR
HOCKEY
BAT
GONE

ADJUST
CLEAR
LUNAR
ENVIRONMENT
ASKED
WHICH
SELL
PAINTS
SPACE
MENTAL

Puzzle 100

```
G E S O O G D C Y E A R S H Y
N S H P A R G H O K Q O I A Y
V P S E O X S R R O F F C M W
D E Y Y V T S U D S L N X S T
E C W Y R M T C P P F A O T H
V I O T G J Y E W C Q A M E O
E A N Y W E S O D P O X K R T
L L K E I N G R E D I E N T E
O L B U S I N E S S B C L P L
P Y G R A D E O O R L R O M T
M C O T R R C C M W U M A L B
E T C N K G X C M T E N Z A D
N G I F T H E L I C O P T E R
T C E J O R P H Q E C D S V G
```

BUSINESS   INGREDIENT
HAMSTER   SPOTTED
BLUE   FOR
DUST   GOOSE
ESPECIALLY   PROJECT
GIFT   COLD
HELICOPTER   COOL
DEVELOPMENT   GRADE
TRUE   HOTEL
YEARS   GRAPH

Puzzle 1

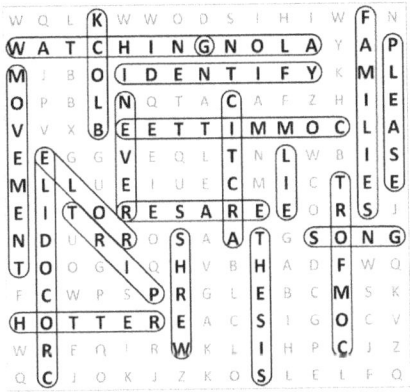

Puzzle 2

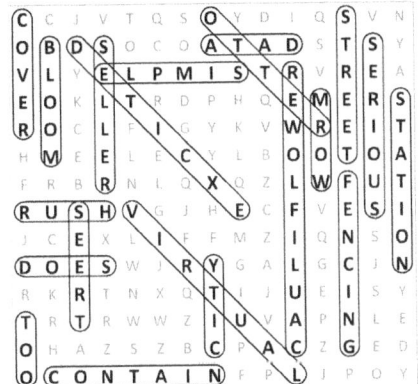

Puzzle 3

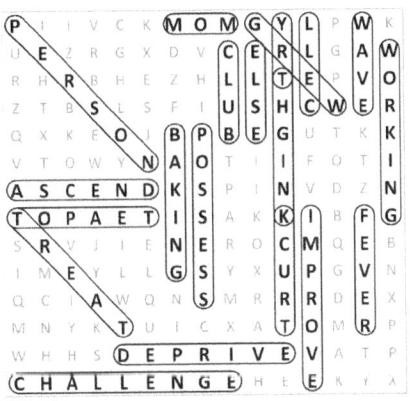

Puzzle 4

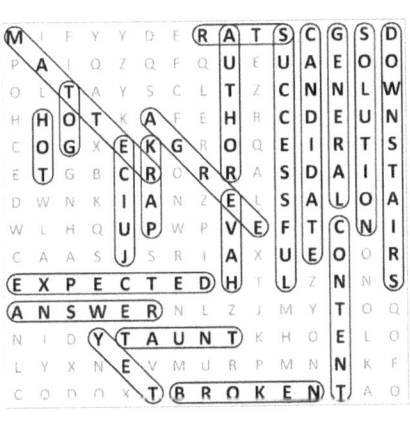

Puzzle 5

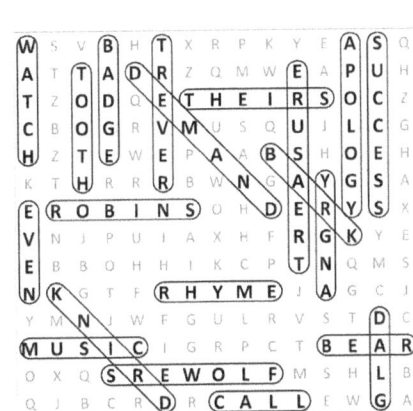

Puzzle 6

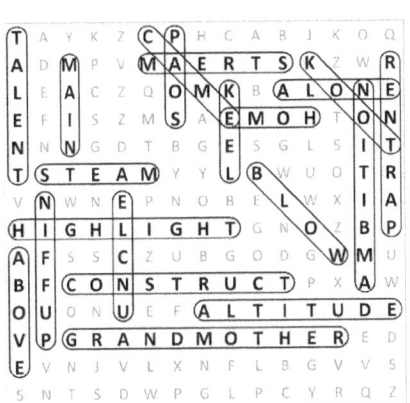

Puzzle 7

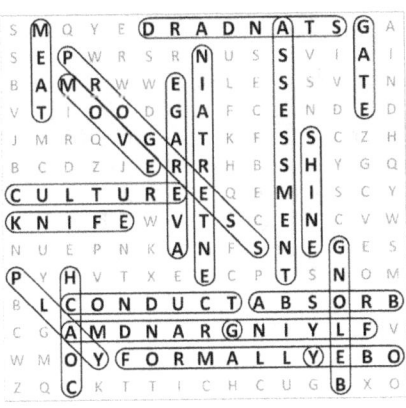

Puzzle 8

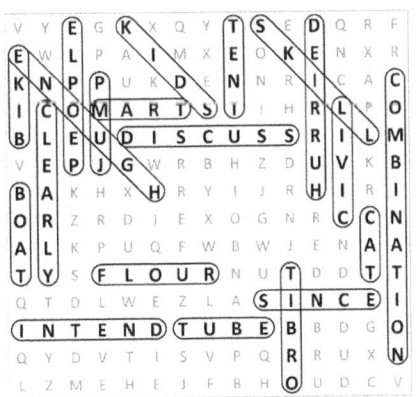

Puzzle 9

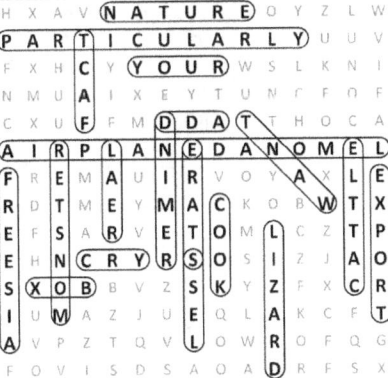

Puzzle 10

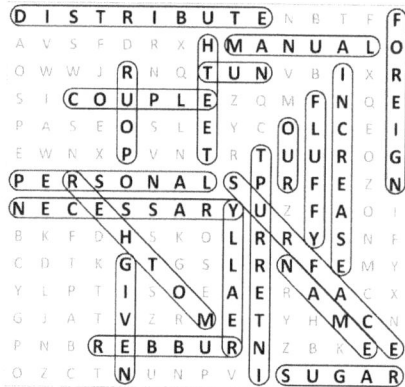

Puzzle 11

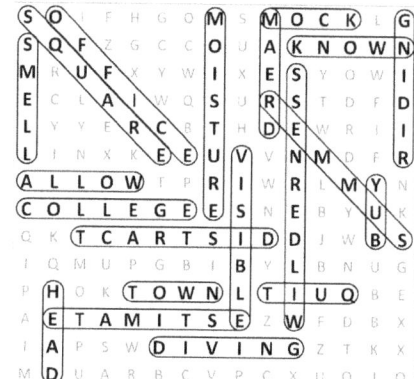

Puzzle 12

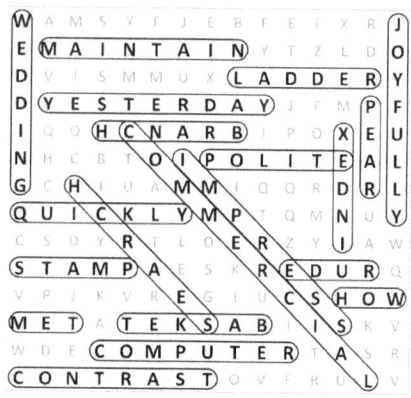

Puzzle 13

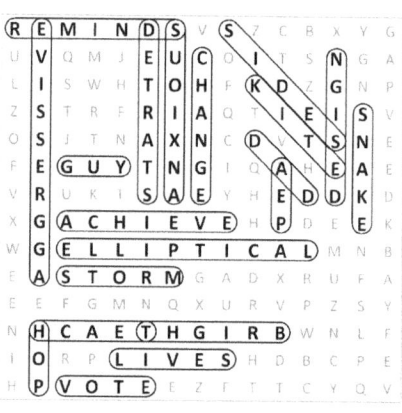

Puzzle 14

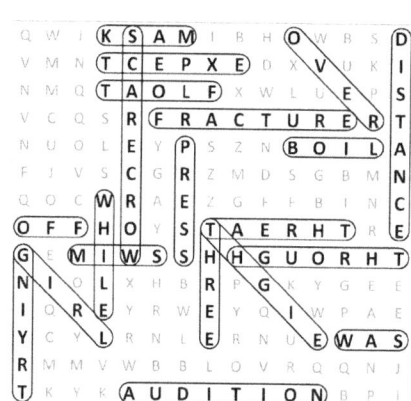

Puzzle 15

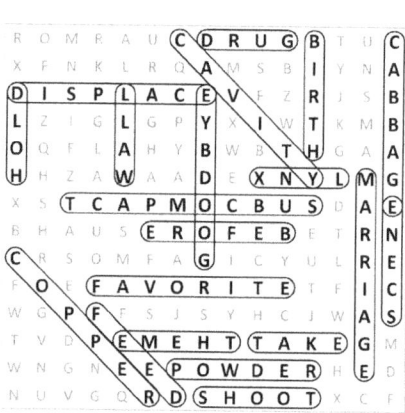

Puzzle 16

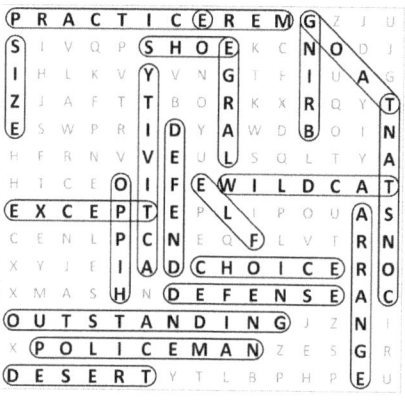

Puzzle 17

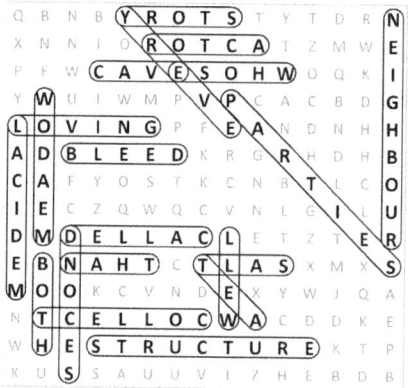

Puzzle 18

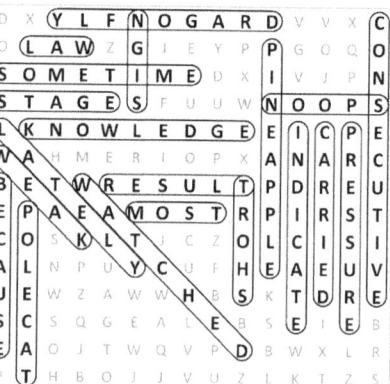

Puzzle 19

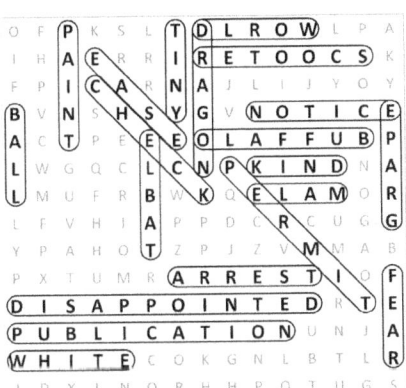

Puzzle 20

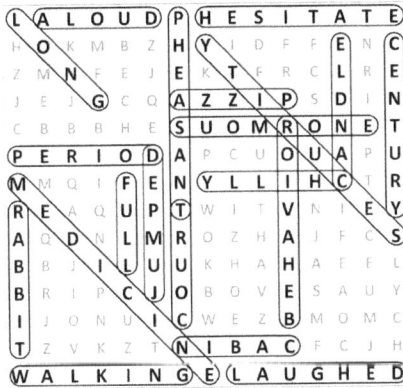

Puzzle 21

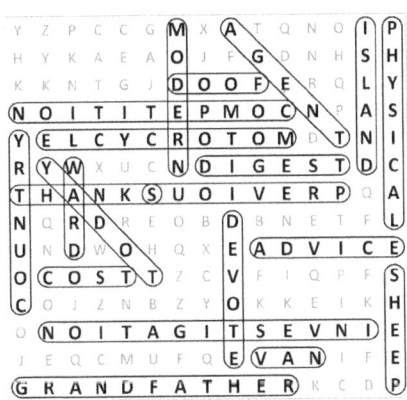

Puzzle 22

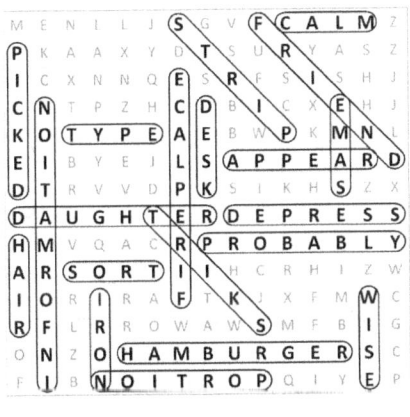

Puzzle 23

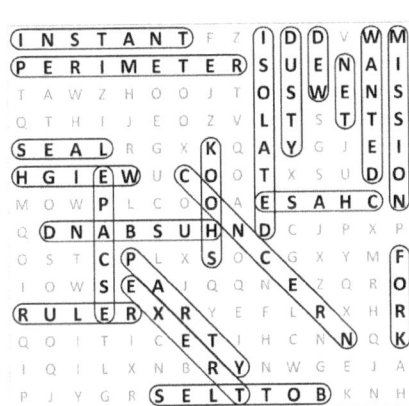

Puzzle 24

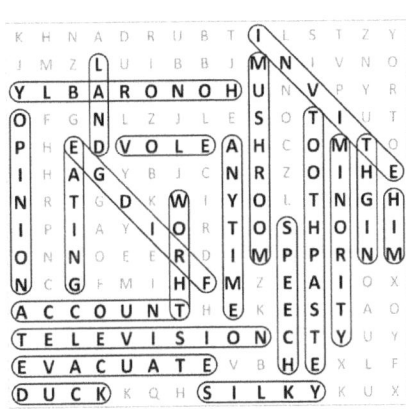

Puzzle 25

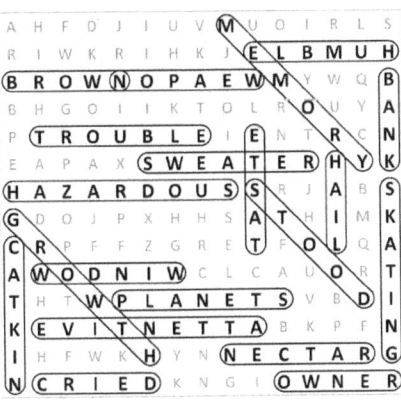

Puzzle 26

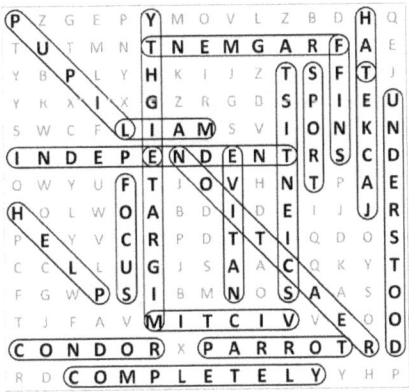

Puzzle 27

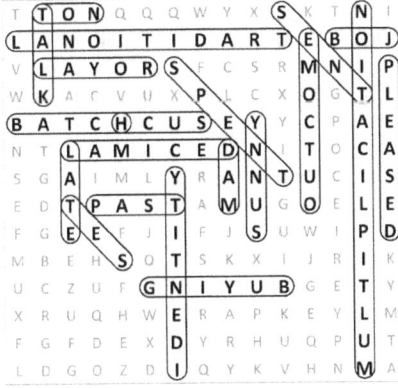

Puzzle 28

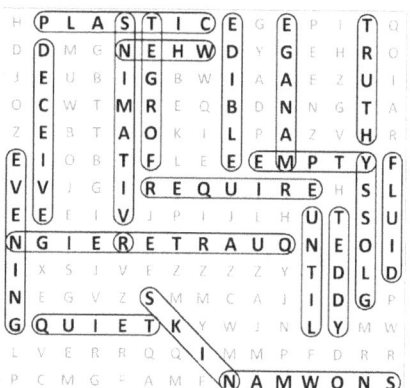

Puzzle 29

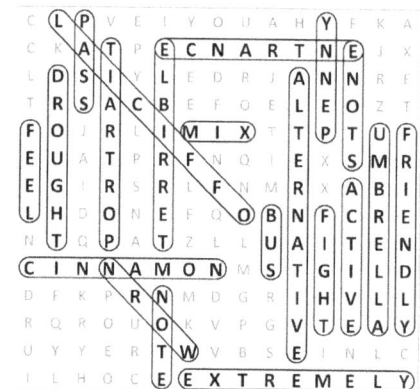

Puzzle 30

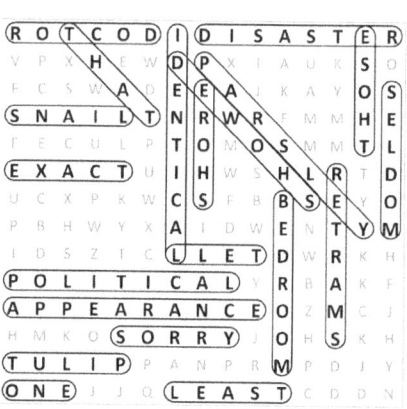

Puzzle 31

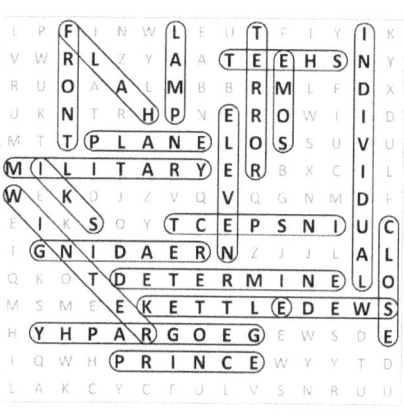

Puzzle 32

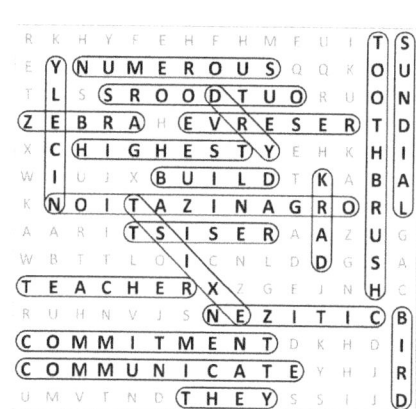

Puzzle 33

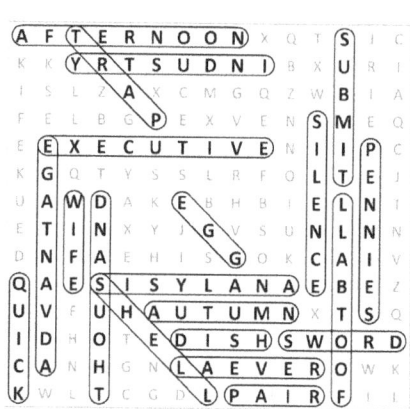

Puzzle 34

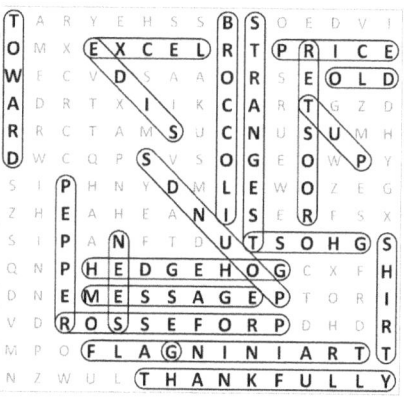

Puzzle 35

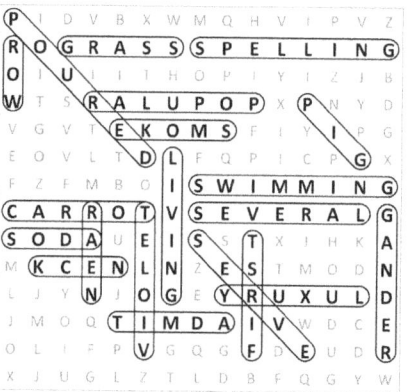

Puzzle 36

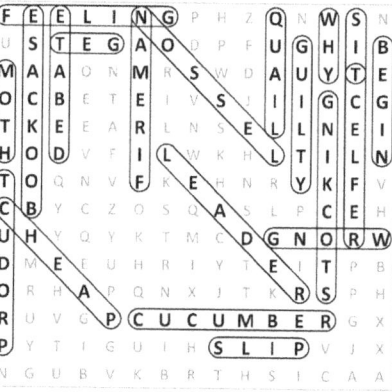

Puzzle 37

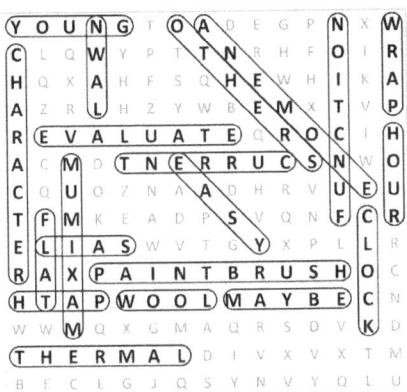

Puzzle 38

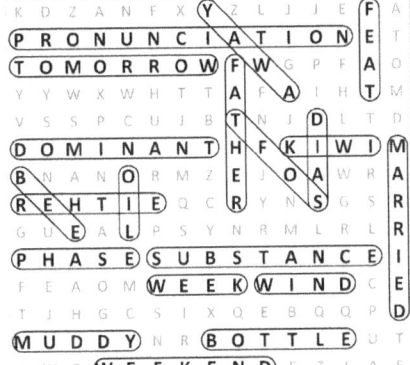

Puzzle 39

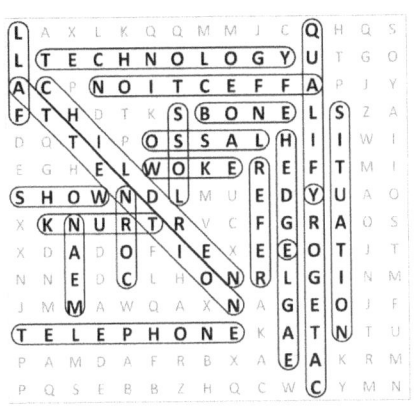

Puzzle 40

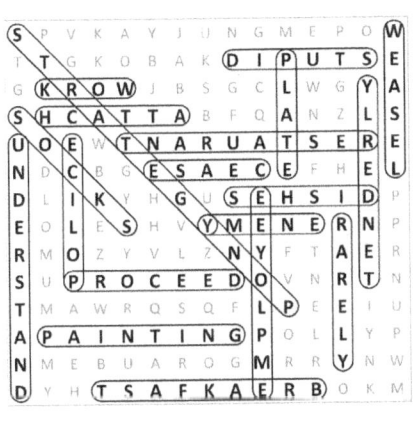

Puzzle 41

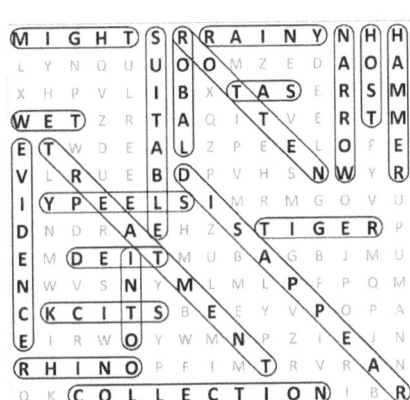

Puzzle 42

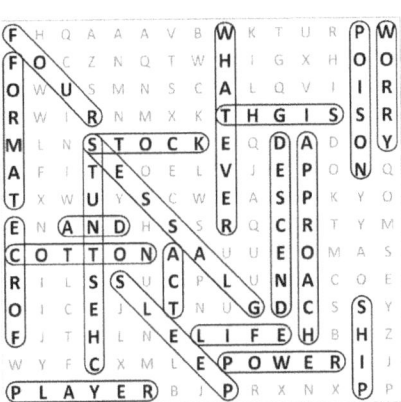

Puzzle 43

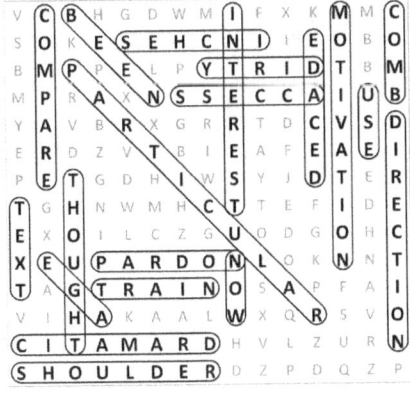

Puzzle 44

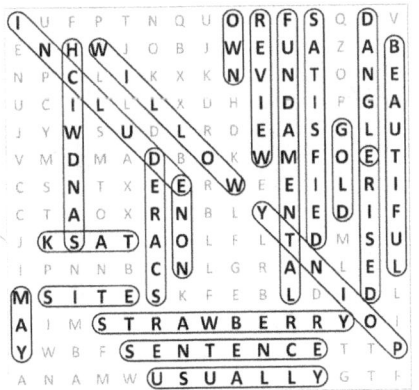

Puzzle 45

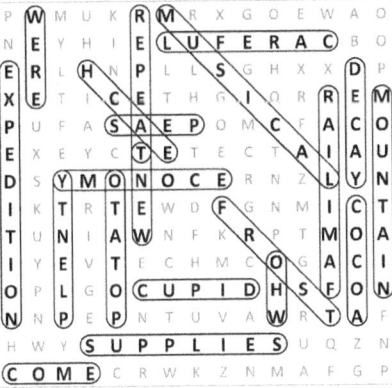

Puzzle 46

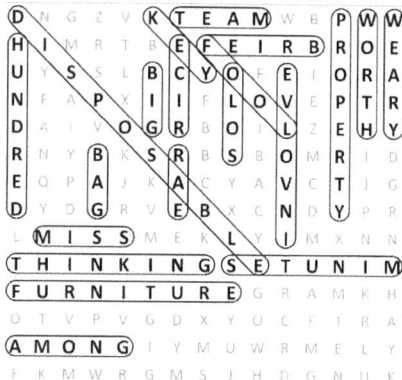

Puzzle 47

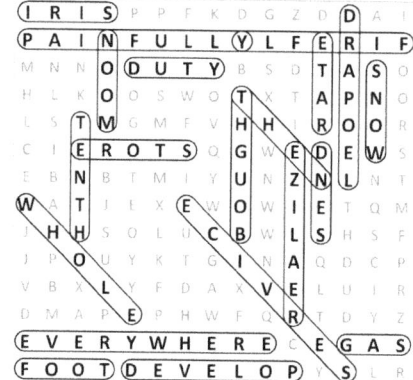

Puzzle 48

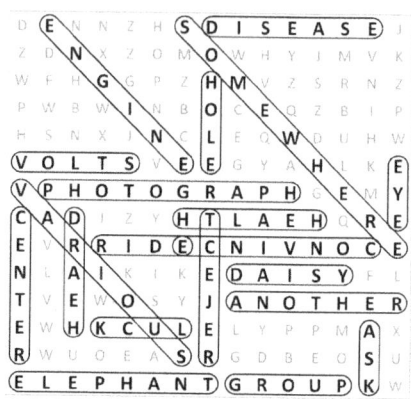

Puzzle 49

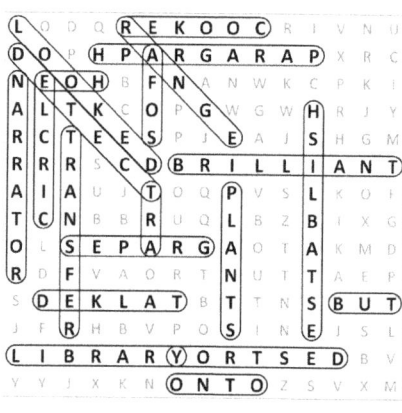

Puzzle 50

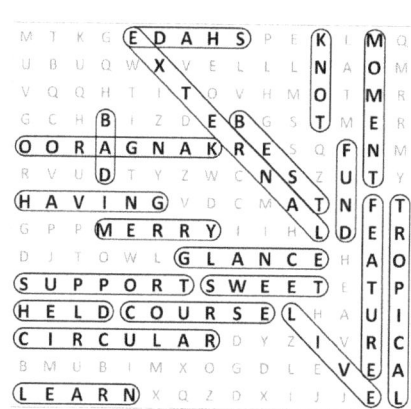

Puzzle 51

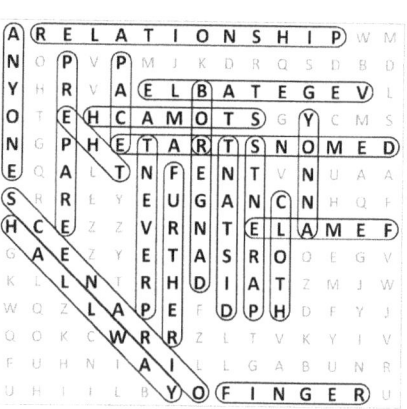

Puzzle 52

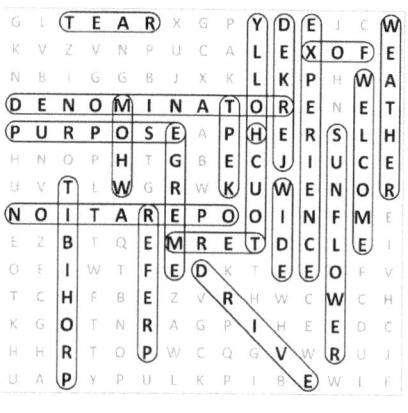

Puzzle 53

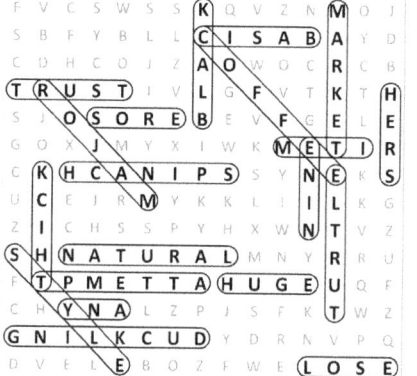

Puzzle 54

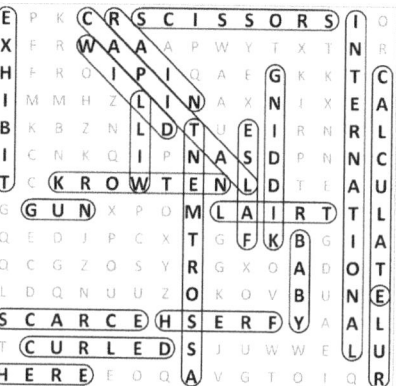

Puzzle 55

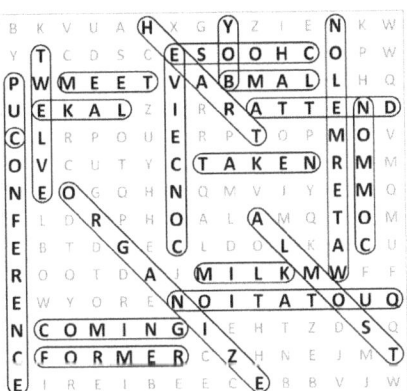

Puzzle 56

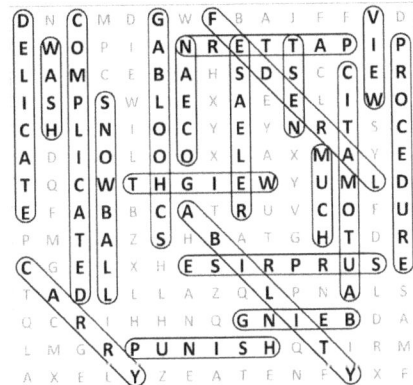

Puzzle 57

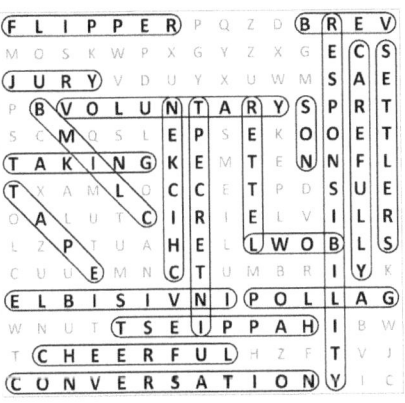

Puzzle 58

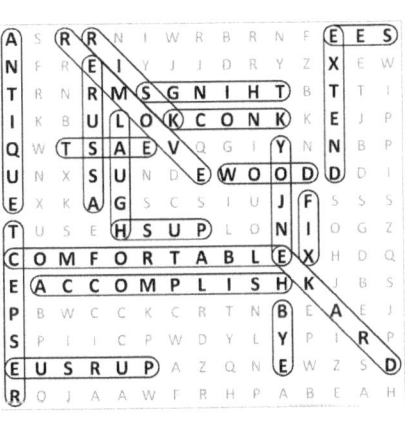

Puzzle 59

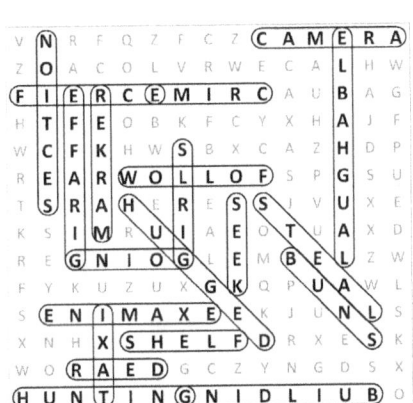

Puzzle 60

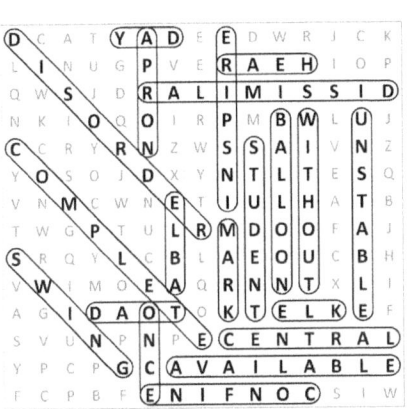

Puzzle 61

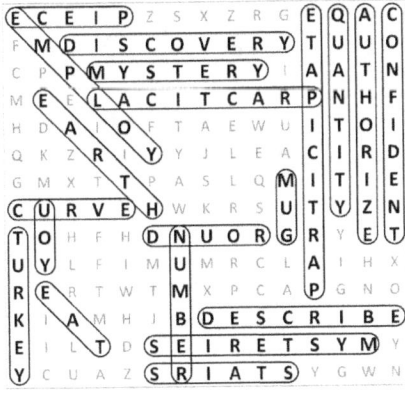

Puzzle 62

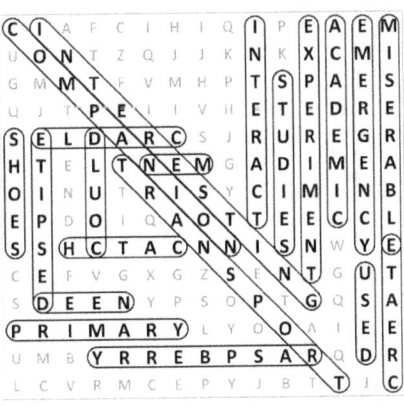

Puzzle 63

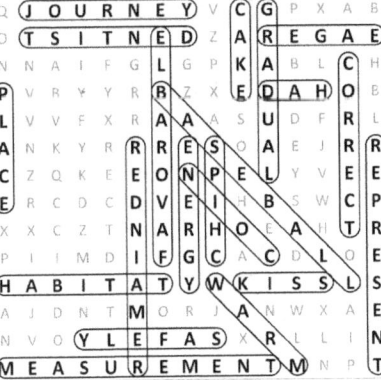

Puzzle 64

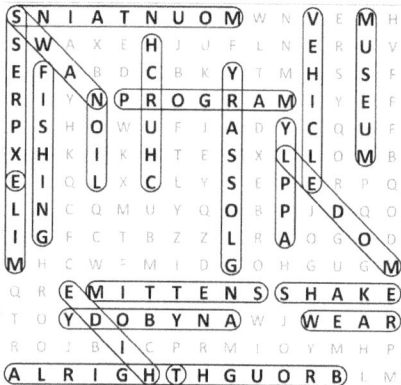

Puzzle 65

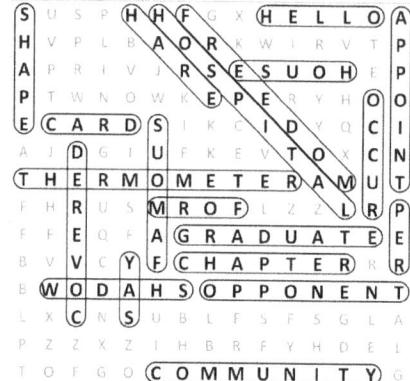

Puzzle 66

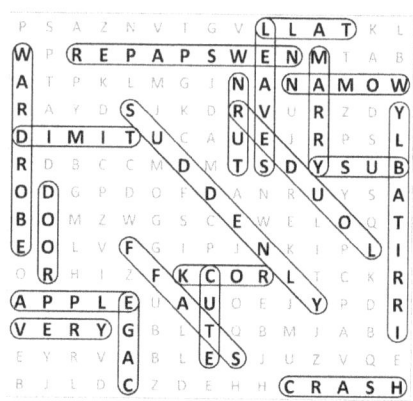

Puzzle 67

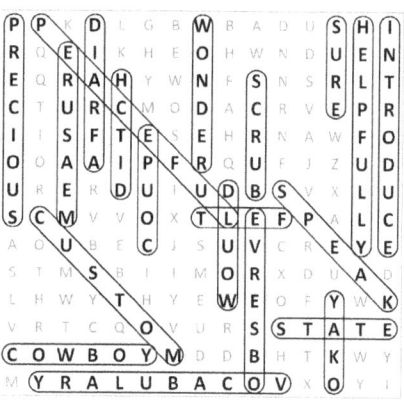

Puzzle 68

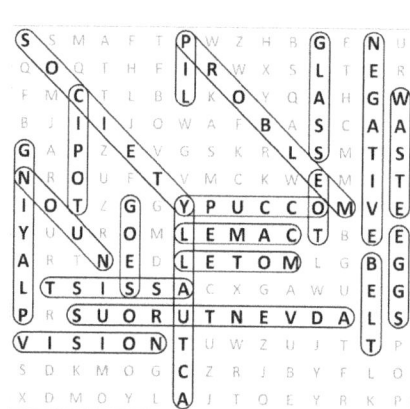

Puzzle 69

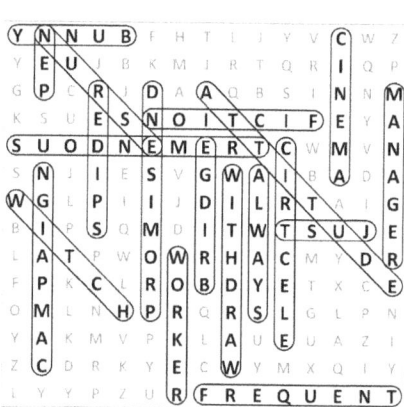

Puzzle 70

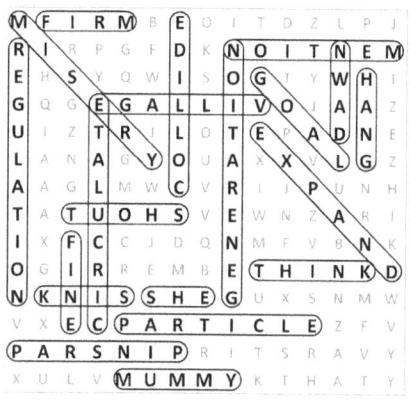

Puzzle 71

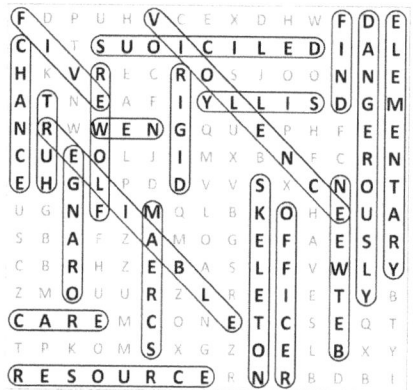

Puzzle 72

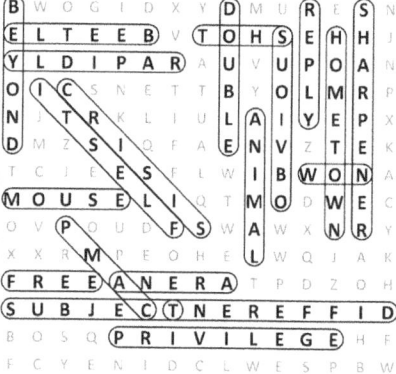

Puzzle 73

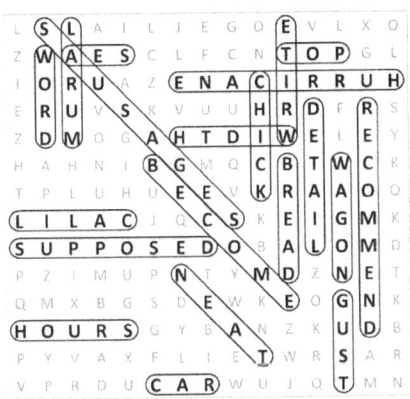

Puzzle 74

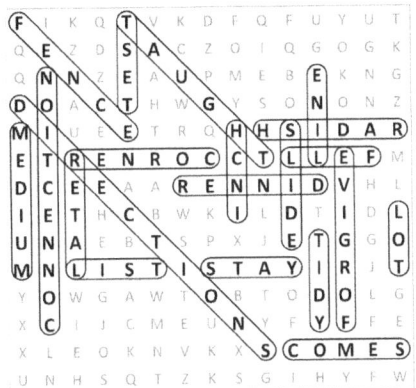

Puzzle 75

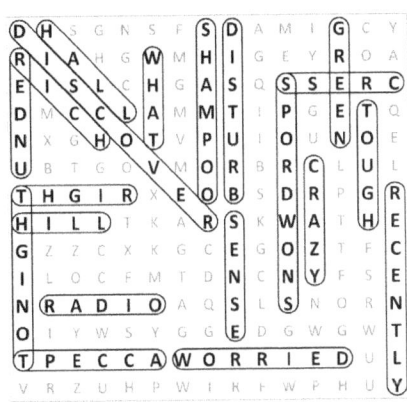

Puzzle 76

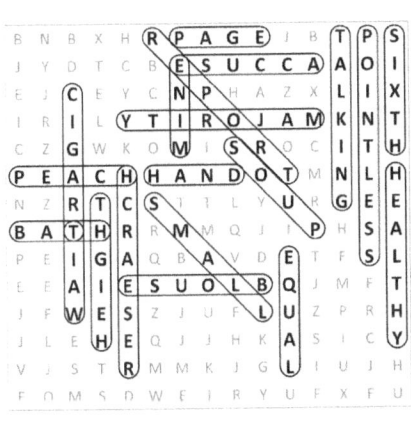

Puzzle 77

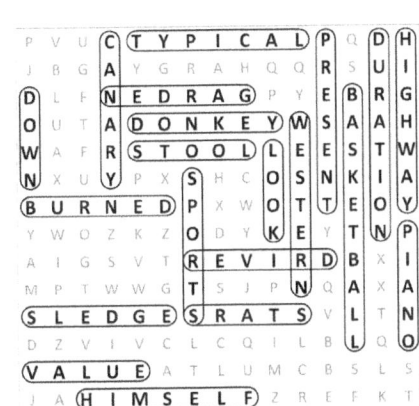

Puzzle 78

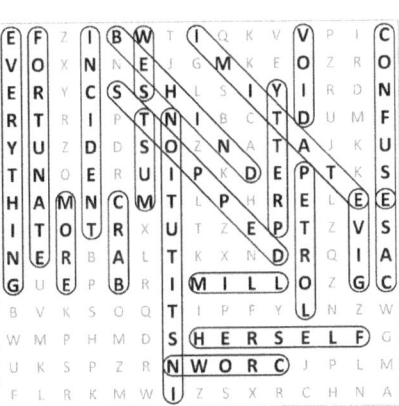

Puzzle 79

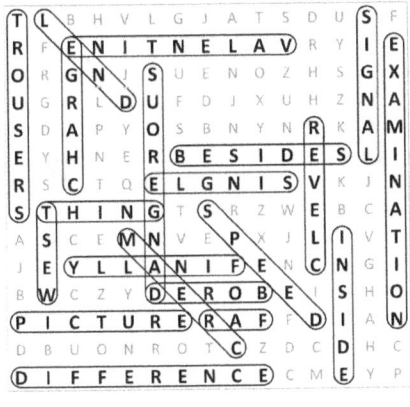

Puzzle 80

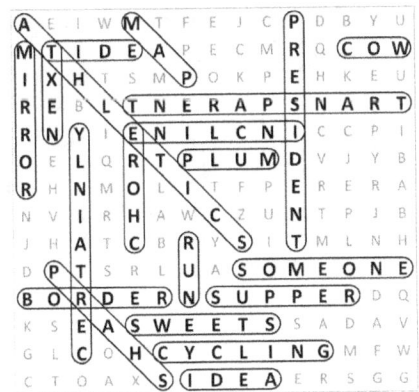

Puzzle 81

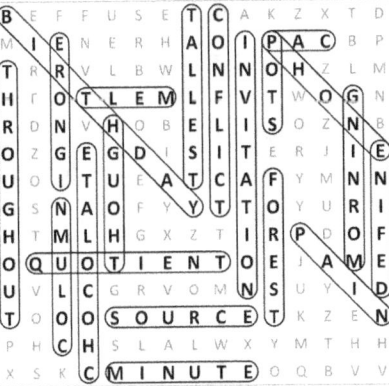

Puzzle 82

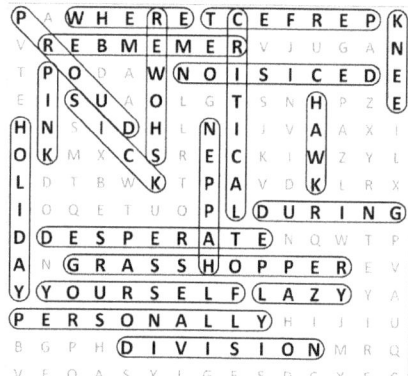

Puzzle 83

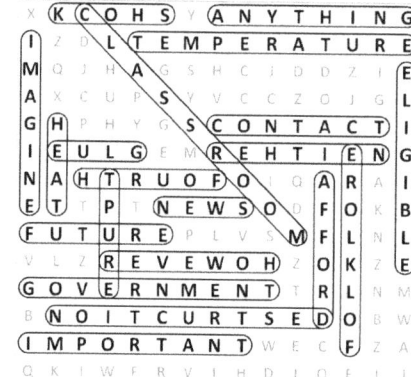

Puzzle 84

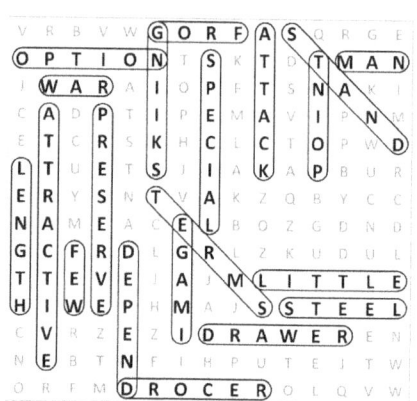

Puzzle 85

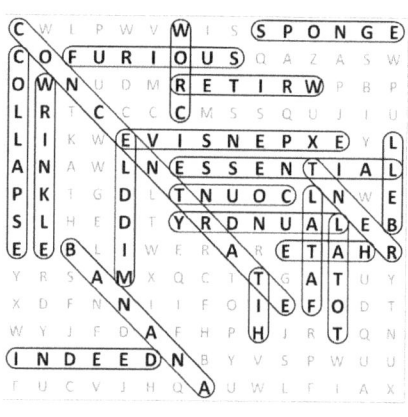

Puzzle 86

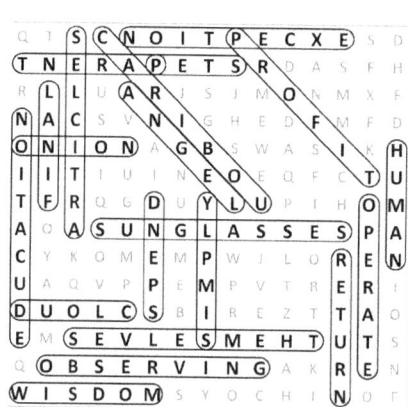

Puzzle 87

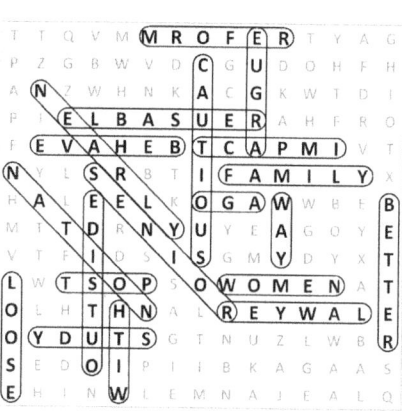

Puzzle 88

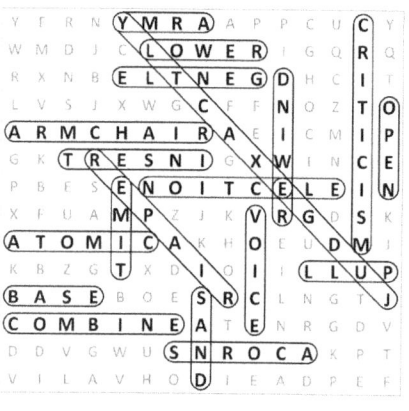

Puzzle 89

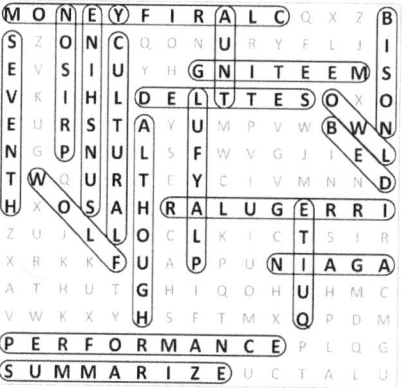

Puzzle 90

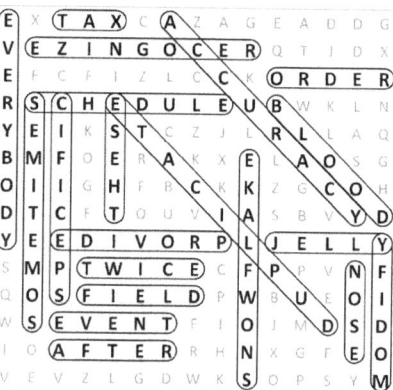

Puzzle 91

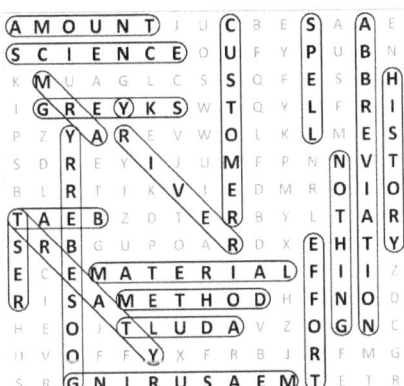

Puzzle 92

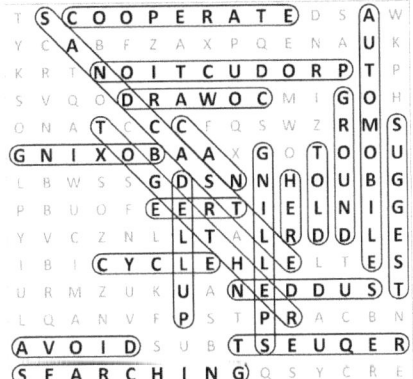

Puzzle 93

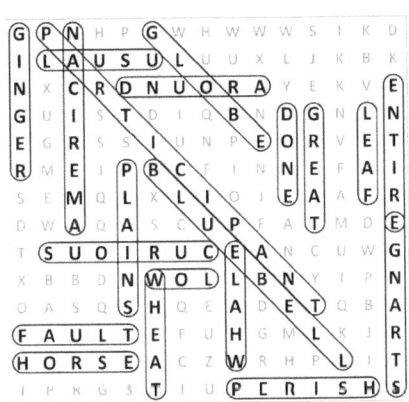

Puzzle 94

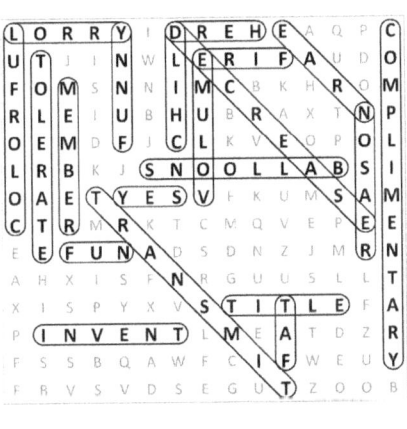

Puzzle 95

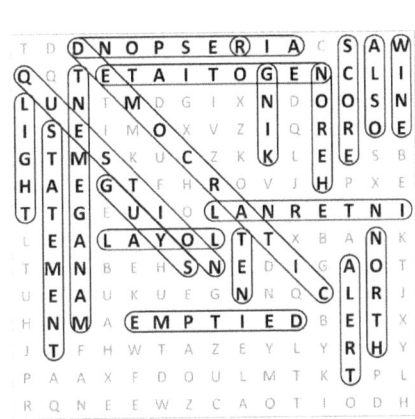

Puzzle 96

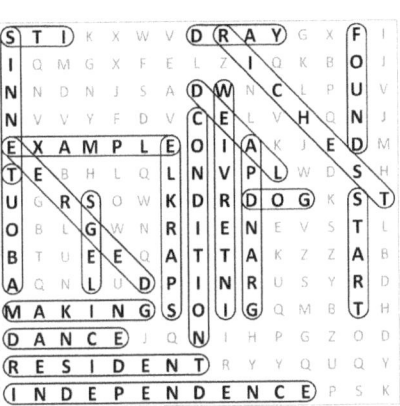

Puzzle 97

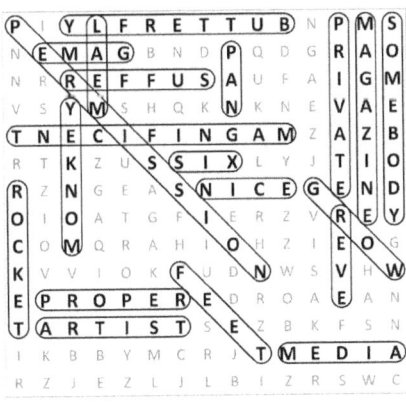

Puzzle 98

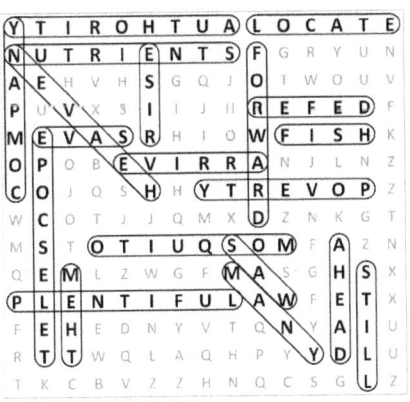

Puzzle 99

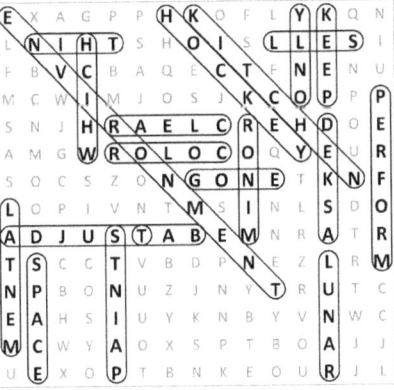

Puzzle 100

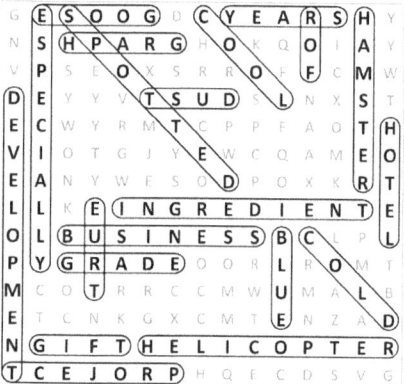

Congratulations

You made it!

We hope you enjoyed this book as much as we enjoyed making it. We do our best to make high quality games.

These puzzles are designed in a clever way to actively spark the brain and make it sharp and quick!
Did you love them?

A Simple Request

Our books exist thanks to the reviews you post on Amazon. Could you help us by leaving a review now?

Here is a short link which will take you to your Amazon orders review page.

BestBooksActivity.com/Review50

MONSTER CHALLENGE!

Challenge #1

Ready for Your Bonus Game? We use them all the time but they are not so easy to find. Here are **Synonyms**!

Note 5 words you discovered in each of the Puzzles noted below (#21, #36, #76) and try to find 2 synonyms for each word.

Note 5 Words from *Puzzle 21*

Words	Synonym 1	Synonym 2

Note 5 Words from *Puzzle 36*

Words	Synonym 1	Synonym 2

Note 5 Words from *Puzzle 76*

Words	Synonym 1	Synonym 2

Challenge #2

Now that you are warmed-up, note 5 words you discovered in each Puzzle noted below (#9, #17, #25) and try to find 2 antonyms for each word. How many lines can you do in 20 minutes?

Note 5 Words from **Puzzle 9**

Words	Antonym 1	Antonym 2

Note 5 Words from **Puzzle 17**

Words	Antonym 1	Antonym 2

Note 5 Words from **Puzzle 25**

Words	Antonym 1	Antonym 2

Challenge #3

Wonderful, this monster challenge is nothing to you!

Ready for the last one? Choose your 10 favorite words discovered in any of the Puzzles and note them below.

1.	6.
2.	7.
3.	8.
4.	9.
5.	10.

Now, using these words and within a maximum of six sentences, your challenge is to compose a text about a person, animal or place that you love!

Tip: You can use the last blank page of this book as a draft!

Your Writing:

Explore a Unique Store
Set Up **FOR YOU!**

BestActivityBooks.com/**TheStore**

Designed for **Entertainment**!

Light Up Your Brain With Unique **Gift Ideas**.

Access **Surprising** And **Essential Supplies!**

CHECK OUT OUR MONTHLY SELECTION NOW!

- Expertly Crafted Products -

NOTEBOOK:

SEE YOU SOON!

Delta Classics Team

BESTACTIVITYBOOKS.COM/FREEGAMES

www.ingramcontent.com/pod-product-compliance
Lightning Source LLC
Chambersburg PA
CBHW082106120626

46553CB00011B/3569